人力资源开发与管理研究

徐祥峰　路　坤　高晔平　著

时代文艺出版社
SHIDAI WENYI CHUBANSHE

图书在版编目（CIP）数据

人力资源开发与管理研究/徐祥峰，路坤，高晔平
著．--长春：时代文艺出版社，2024.11．---ISBN
978-7-5387-7635-5

Ⅰ．F241；F243

中国国家版本馆 CIP 数据核字第 2024D48R25 号

人力资源开发与管理研究
RENLI ZIYUAN KAIFA YU GUANLI YANJIU

徐祥峰　路　坤　高晔平　著

出 品 人：吴　刚
责任编辑：陆　风
装帧设计：王芳宇
排版制作：火　丁　经晓巍

出版发行：时代文艺出版社
地　　址：长春市福祉大路 5788 号　龙腾国际大厦 A 座 15 层（130118）
电　　话：0431－81629751（总编办）　0431－81629758（发行部）
官方微博：weibo.com/tlapress
开　　本：710mm×1000mm　1/16
印　　张：7.75
字　　数：111 千字
印　　刷：北京市怀柔新兴福利印刷厂
版　　次：2024 年 11 月第 1 版
印　　次：2024 年 11 月第 1 次印刷
书　　号：ISBN 978-7-5387-7635-5
定　　价：55.00 元

图书如有印装错误　请与印厂联系调换　（电话：18837931619）

前　言

　　人类社会的存在和发展离不开自然资源和人力资源。随着知识经济和经济全球化的迅速发展，人力资源管理已成为企业的关键管理职能，人力资源的有效开发与利用能够帮助企业赢得可持续发展的竞争优势，这一点已经成为人们的共识。因此，加强人力资源的管理工作，充分调动企业员工的积极性、主动性、创造性，发挥人力资源的潜能，已成为企业管理的中心任务。面对知识经济的兴起、经济全球化和中国加入世界贸易组织后遇到的挑战，如何科学地进行人力资源开发与管理，充分发挥生产要素中最活跃、最主动的因素——人力资源的作用，是我国为加快经济社会发展所必须研究的重要课题，具有重要的现实意义。

　　本书是人力资源方向的著作，主要研究人力资源开发与管理研究。从人力资源基础介绍入手，针对人力资源培训与开发，人力资源绩效管理、薪酬管理以及劳动关系和社会保障管理进行了分析研究；对人力资源规划、人力资源战略以及人力资源管理模型建设提出了一些建议。从内容上看，涉及面广，针对性强，适合人力资源管理者、相关专业的研究者和学生参考，也可供对人力资源开发与管理感兴趣的人士阅读；从结构上看，本书构思新颖、逻辑严谨，将理论与实践紧密结合，在充分了解人力资源的理论基础上，对人力资源管理的应用创新有一定的借鉴意义。

　　写作过程中，参考和借鉴了一些知名学者和专家的观点，在此向他们表示深深的感谢。由于水平和时间所限，书中难免会出现不足之处，希望各位读者和专家能够提出宝贵意见，以待进一步修改，使之更加完善。

目 录

第一章 人力资源管理概述

第一节 人力资源概述

一、人力资源的含义

（一）资源

按照逻辑从属关系，人力资源属于资源这一大的范畴，是资源的一种具体形式。因此，在解释人力资源的含义之前，有必要对资源进行简要的说明。

资源是人类赖以生存的基础，是指一国或一定地区内拥有的人力、物力、财力等各种物质要素的总称。管理学称资源是管理的对象，包括有形资源和无形资源，即分为物质资源与劳动力资源两大类。德国思想家、哲学家恩格斯（Engels）对此的定义是，劳动和自然界在一起，它才是一切财富的源泉，自然界为劳动提供材料，劳动把材料转变为财富。资源分为自然资源和社会资源两大类。经济学研究的是不同地理位置的自然资源和劳动力资源的周而复始，两种资源的有机结合产生物质资源，经济学还要研究的就是如何使物质资源和劳动力资源周而复始产生最大物质价值的内在规律。

（二）人力资源

人力资源是指能够推动整个经济和社会发展的，具有智力劳动和体力劳动能力的劳动者的总和，包括数量和质量两个维度。

人力资源在宏观意义上以国家和地区为单位，在微观意义上以部门和企事业单位为单位。人力资源最基本的方面，包括体力和智力；完整的概念，包括体力、智力、知识和技能四个方面。人力资源不同于一般的资源，它的特殊性主要表现在以下四个方面。

第一，人力资源是一种"活"资源，而物质资源是一种"死"资源。物质资源只有通过人力资源的有效开发、加工和制造才会产生价值。

第二，人力资源是指存在于人体内的体力资源和智力资源。从企业的角度考察人力资源，则是指能够推动整个企业发展的劳动者能力的总和，包括数量和质量两个维度。从数量的角度划分，人力资源包括现实的劳动能力和潜在的劳动能力；从质量的角度划分，人力资源包括体力劳动能力和智力劳动能力。

第三，人力资源是创造利润的主要来源，特别是在高新技术行业，人力资源的创新能力是企业利润的源泉。

第四，人力资源是企业可以开发的资源，人的创造能力是无限的，通过对人力资源的有效管理可以极大地提高企业的生产效率，从而实现企业的目标。

二、人力资源的构成

作为一种资源，人力资源同样具有量与质的规定性。由于人力资源是依附于人身上的劳动能力，和劳动者是密不可分的，因此可以用劳动者的数量和质量来反映人力资源的概念与内容。

（一）人力资源数量

1. 人力资源绝对数量

（1）人力资源数量构成

人力资源绝对数量在宏观层面上，指的是一个国家或地区中具有劳动能力的人口总数。

人力资源绝对数量＝（劳动适龄人口数－劳动适龄人口中丧失劳动能力的人口数）＋非劳动适龄人口中具有劳动能力的人口数

在现实中，劳动适龄人口中存在一些丧失劳动能力的病残人口，还存在一些因为各种原因不能参加社会劳动的人口，如在校就读的学生。在劳动适龄人口之外，也存在一些具有劳动能力，正在从事社会劳动的人口，如退休返聘人员。

人力资源绝对数量具体包括：

①劳动适龄就业人口；

②未成年就业人口；

③老年就业人口；

④失业、求业、待业人口；

⑤求学人口；

⑥家务劳动人口；

⑦军队服役人口；

⑧劳动适龄的其他人口；

⑨劳动适龄的病残人口。

在人口总量一定的条件下，人口的年龄构成直接决定了人力资源的数量，即人力资源数量＝人口总量×劳动适龄人口比例。要调整人口的年龄构成，需对人口出生率、人口自然增长率进行调节。

（2）人口迁移

人口迁移即人口的地区间流动，其主要影响因素是经济发展状况。人口迁移的主要部分是劳动力人口。人口迁移规律：从生活水平低的地区向生活水平高的地区迁移；从收入水平低的地区向收入水平高的地区迁移；从发展前景差的地区向发展前景好的地区迁移。

2. 人力资源相对数量

人力资源率＝（人力资源绝对数量/总人口）×100％，是反映经济实力和经济发展潜力的重要指标。人力资源率越高，表明该国家的经济具有某种优势。

影响人力资源数量的因素主要有以下两个方面。

（1）人口的总量

人口的总量由人口基数和自然增长率两个因素决定，自然增长率又取决于出生率和死亡率，用公式表示如下：

人口总量＝人口基数×［1＋（出生率－死亡率）］

（2）人口的年龄结构

相同的人口总量下，不同的年龄结构会使人力资源的数量有所不同。劳动适龄人口在人口总量中所占的比重较大时，人力资源的数量相对会比较多；相反，人力资源的数量相对会比较少。

（二）人力资源质量

人力资源是人所具有的脑力和体力，因此劳动者的素质就直接决定了人力资源的质量。人力资源质量的最直观表现是人力资源或劳动要素的体质水平、文化水平、专业技术水平、道德水平以及心理素质的高低等。

劳动者的素质由体能素质和智能素质构成。就劳动者的体能素质而言，又有先天体质和后天体质之分；智能素质包括经验知识和科学技术知识两个方面，而科学技术知识又可以分为通用知识和专业知识两个部分。此外，劳动者的积极性和心理素质是劳动者发挥其体力和脑力的重要条件。

在人力资源对经济发展的贡献中，智能因素的作用越来越大，体能因素的作用逐渐降低；智能因素中，科技知识的作用在不断上升，经验知识的作用相对下降。就现代科学知识和技术能力而言，存在着"老化"和"更新"速度不断加快的规律性，与这一趋势相适应，劳动者的类型也发生了变化。

在这个链条中，第一类劳动者全凭体力去劳动；第二类劳动者具有一定文化，但劳动还是以体力劳动为主；第三类劳动者具有较高的文化，劳动已不再是以体力为主，他们主要与机械技术相联系；第四类劳动者以专业技术为主，基本上摆脱了体力劳动，他们是与当代和将来的自动化技术联系在一起的。

与人力资源的数量相比，其质量更重要。一般来说，复杂的劳动只能由高质量的人力资源来从事，简单劳动则可以由低质量的人力资源从事。经济越发展，技术越现代化，对人力资源质量的要求越高，现代化的生产体系要求人力资源具有极高的质量水平。人力资源质量对数量的替代性较强，而数量对质量的替代性较差，甚至不能替代。

人力资源质量综合体现在劳动者个体和整体的健康状况、知识水平、技能水平等方面。提高人力资源质量是现代人力资源开发的重要目标和方向，尤其是在以信息、知识和技术密集为特征的知识经济时代，只有真正拥有高质量的人力资源，才能具备核心竞争力。

三、人力资源与相关概念

（一）人力资源与人口资源、人才资源

人口资源是指一个国家或地区所拥有的人口的总量，它是一个最基本的底数，一切人力资源、人才资源产生于这个最基本的资源中，它主要表现为人口的数量。人才资源是指一个国家或地区中具有较多科学知识、较强劳动技能，在价值创造过程中起关键或重要作用的那部分人。人才资源是人力资源的一部分，即优质的人力资源。

人力资源、人口资源和人才资源三个概念的本质是有所不同的，人口资源和人才资源的本质是人，而人力资源的本质则是脑力和体力，从本质上来讲，它们之间并没有什么可比性。就人口资源和人才资源来说，它们关注的重点不同，人口资源更多是一种数值概念，而人才资源更多是一种质量概念。但是，三者在数量上却存在一种包含关系。

在数量上，人口资源是最多的，它是人力资源形成的数量基础，人口资源中具备一定脑力和体力的那部分才是人力资源；而人才资源又是人力资源的一部分，是人力资源中质量较高的那部分，也是数量最少的。在比例上，人才资源是最小的，它是从人力资源中产生的，而人力资源又是从人口资源中产生的。

（二）人力资源与人力资本

人力资源和人力资本也是容易混淆的两个概念，很多人甚至将它们通用，其实这两个概念是有一定区别的。

1. 资本与人力资本

"资本"一词，语义上有三种解释：一是指掌握在资本家手里的生

产资料和用来雇用工人的货币；二是指经营工商业的本钱；三是指谋取利益的凭借。资本是那些能够带来剩余价值的价值。

对于人力资本的含义，被称为"人力资本之父"的经济学家西奥多·舒尔茨（Theodore Schults）认为，人力资本是劳动者身上所具备的两种能力：一种能力是先天遗传的，由个人与生俱来的基因所决定；另一种能力是个人努力学习而形成的。人力资本这种体现在具有劳动能力（现实或潜在）的人身上的、以劳动者的数量和质量表示的资本，需要通过投资才能够获得。

按照劳动经济学的观点，人力资本投资是通过增加人的资源而影响未来的货币和物质收入的各种活动。人力资本投资主要有以下四种形式。

（1）各级正规教育

这种投资形式增加了人力资本的知识存量，表现为人力资本构成中的普通教育程度，即用学历来反映人力资本存量。因此，可以依据劳动者接受学校教育的年限、劳动者的学历构成，清楚地判断和比较一个国家或地区、家庭和劳动者在某一特定时期的人力资本存量。

（2）职业技术培训

职业技术培训投资是人们为获得与发展从事某种职业所需要的知识、技能与技巧所发生的投资支出。这类投资方式主要侧重于人力资本构成中的职业、专业知识与技能存量，其表现是人力资本构成中的专业技术等级。

（3）健康保健

用于健康保健、增强体质的费用也是人力资本投资的主要形式，这方面的投资效果主要表现为人口预期寿命的提高和死亡率的降低。

（4）劳动力迁移

劳动力流动费用本身并不能直接形成或增加人力资本存量，但通过劳动力的合理流动，在宏观上，可以实现人力资本的优化配置，调整人力资本分布的稀缺程度；在微观上，可以使人力资本实现最有效率和最获利的使用。所以，它是人力资本价值实现和增值的必要条件。

人力资本投资也包含着这样一重含义：在当前时期付出一定的成本并希望在将来能够带来收益，因此人们在进行人力资本投资时，会考虑收益和成本两个因素。只有当收益大于或等于成本时，人们才愿意进行人力资本的投资，否则，人们将不会进行人力资本投资。

2. 人力资源与人力资本的关系

人力资源与人力资本是既有联系又有区别的两个概念。人力资源和人力资本都是以人为基础而产生的概念，研究的对象都是人所具有的脑力和体力，从这一点看两者是一致的，两者都是研究人力作为生产要素在经济发展中的重要作用时产生的。现代人力资源管理理论大多是以人力资本理论为根据的，人力资本理论是人力资源管理理论的重点内容，人力资源经济活动及其收益的核算是基于人力资本理论进行的。

人力资源和人力资本虽然只有一字之差，但却有着本质的区别。人力资本可以看作所投入的物质资本在人身上所凝结的人力资源，人力资本存在于人力资源中。人力资本的概念不同于人力资源，人力资本专指企业中的两类人，即职业经理人和技术创新者，这两类人的作用是否得到充分发挥直接关系到企业竞争力和优势。企业应将人力变成资本，使其成为企业的财富，让其为企业所用，并不断增值，给企业创造更多的价值。人力资源与人力资本的区别主要表现在以下三个方面。

(1) 两者所关注的重点不同

人力资本关注的是收益问题，作为资本，人们就会更多地考虑投入与产出的关系，会在乎成本，会考虑利润。人力资源关注的是价值问题，作为资源，人人都想要最好的，钱越多越好，技术越先进越好，人越能干越好。

(2) 两者的性质不同

人力资源所反映的是存量问题，提到资源，人们更多考虑寻求与拥有。人力资本所反映的是流量与存量问题，提到资本，人们会更多地考虑如何使其增值生利。资源是未经开发的资本，资本是开发利用了的资源。

（3）两者的研究角度不同

人力资源是将人力作为财富的源泉，是从人的潜能与财富的关系来研究人的问题；人力资本是将人力作为投资对象，作为财富的一部分，是从投入与收益的关系来研究人的问题。

人力资源是被开发、待开发的对象。人力资源得不到合理开发，就不能形成强大的人力资本，也无法实现可持续发展。人力资本的形成和积累主要靠教育，如果没有教育，人力资源就得不到合理开发。重视教育，就是重视企业的发展，就是在开发人力资源和积累人力资本。现代企业仅将人力作为资源还不够，还应将人力资源合理开发利用和有效配置后变成人力资本。人力资本与人力资源相比的先进点主要在于后者只是立足于人的现有状况来挖掘潜力，这个阶段的人力资源管理技术主要偏重激励手段和方式的进步；而人力资本则更偏重人的可持续发展，重视通过培训和激励等多种"投资"手段来提高人的价值。

四、人力资源的性质

作为一种特殊的资源形式，人力资源具有不同于自然资源的特殊方面。

人力资源具有七个性质：①人力资源属于人类自身所特有，具有不可剥夺性；②其存在于人体之中，是一种活的资源，具有生物性；③其形成受时代条件的限制；④在开发过程中具有能动性；⑤具有时效性；⑥具有可再生性；⑦具有智力性和知识性。

人力资源具有六大特点：①人力资源的生物性；②人力资源的能动性；③人力资源的动态性；④人力资源的智力性；⑤人力资源的再生性；⑥人力资源的社会性。

这是对不同程度和层面上人力资源性质的概括，要想准确地理解人力资源的性质，就必须从它的本质入手。人力资源的本质就是人所具有的智力和体力，它所有的性质都是围绕这个本质形成的。人力资源主要具有以下六个方面的性质。

（一）人力资源的能动性

人力资源能有目的地进行改造外部世界的活动。人具有意识，这种意识不是低水平的动物意识，而是对自身和外部世界具有清晰看法的，对自身行动作出抉择的，调节自身与外部关系的社会意识。这种意识使人在社会生产中居于主导地位，使人力资源具有了能动作用，能够让社会经济活动按照人类自己的意愿发展。

（二）人力资源的双重性

人力资源具有生产性和消费性双重属性。人力资源既具有生产性，又有消费性。人是财富的创造者和消费者，财富的创造必须与其他的生产要素相结合。劳动者在进行生产的同时，还要不断地进行生活消费，不仅生活要消费，而且要为失去劳动能力的老人和尚未具备劳动能力的孩子提供必需的生活消费。因此，劳动者不仅是生产者，也是消费者。

（三）人力资源的生物性与社会性

一方面，人力资源存在于人体之中，是一种"活"的资源，与人的自然生理特征相联系。这既是生物性，也是人力资源最基本的特点。另一方面，人力资源还具有社会性。从一般意义上说，人力资源是处于一定社会范围的，它的形成要依赖社会，它的分配（或配置）要通过社会，它的使用要处于社会经济的分工体系之中，从本质上讲，人力资源是社会资源。

（四）人力资源的再生性

人力资源是一种可再生资源，其再生性即人口的再生产和劳动力的再生产，通过人口总体内各个体的不断替换更新和劳动力再生产的过程得以实现。人力资源的再生性不同于一般生物资源的再生性，除了遵守一般的生物学规律之外，它还受人类意识的支配和人类活动的影响。

（五）人力资源的时效性

人力资源的形成、开发、使用都具有时间方面的限制。从个体的角度看，作为生物有机体的人，有其生命周期；而作为人力资源的人，能从事劳动的自然时间又被限定在生命周期的中间一段，能够从事劳动的不同时期（青年、壮年、老年）其劳动能力也有所不同。

（六）人力资源的增值性

人力资源的再生产过程是一种增值的过程。从劳动者的数量来看，随着人口的不断增加，劳动者人数会不断增多，从而增大人力资源总量；从劳动者个人来看，随着教育的普及和教育水平的提高，科技的进步和劳动实践经验的积累，个人劳动能力会不断提高，从而增大人力资源存量。

五、人力资源的作用

（一）人力资源是财富形成的关键要素

人力资源是构成社会经济运动的基本前提。从宏观的角度看，人力资源不仅在经济管理中必不可少，而且是组合、运用其他各种资源的主体。也就是说，人力资源是能够推动和促进各种资源实现配置的特殊资源，它和自然资源一起构成了财富的源泉，在财富形成过程中发挥着关键性的作用。人力资源在自然资源向财富转化过程中起了重要的作用，它使自然资源转变成社会财富，人力资源的价值也同时得以转移和体现。人力资源的使用量决定了财富的形成量，在其他要素可以同比例获得并投入的情况下，人力资源的使用量越大，创造的财富就越多；反之，就越少。

（二）人力资源是经济发展的主要力量

人力资源不仅决定着财富的形成，随着科学技术的不断发展，知识技能的不断提高，人力资源对价值创造的贡献力度越来越大，社会经济发展对人力资源的依赖程度也越来越重。经济学家认为，知识、技术等人力资源的不断发展和积累直接推动物质资本的不断更新和发展。知识和技术在国家的国民收入中所占的比重越来越大。世界各国都非常重视人力资源的开发和建设，力图通过不断提高人力资源的质量来实现经济和社会的快速发展。

（三）人力资源是企业的首要资源

企业是指集中各种资源，如土地、资金、技术、信息和人力等，通过有效的方式加以整合，从而实现自身利益最大化并满足利益相关者要求的组织。

在现代社会中，企业是组成社会经济系统的细胞单元，是社会经济活动中最基本的经济单位，是价值创造的最主要的组织形式。企业要想正常运转，就必须投入各种资源，而在企业投入的各种资源中，人力资源是第一位的首要资源。人力资源的存在和有效利用能够充分激活其他物化资源，从而实现企业的目标。

第二节　人力资源管理概述

一、管理及相关概念

作为管理的一个构成部分，人力资源管理属于管理这个大范畴，需要遵循管理的一般原则和规律，在学习人力资源管理之前，有必要先了解和认识管理的一些基本内容。

（一）管理的含义

在人类所从事的各项活动中，管理是最重要的活动之一。科学管理理论出现以来，管理的含义有了不同的解释。在管理学中，将管理定义为：管理者在特定的环境和条件下，对组织所拥有的资源进行计划、组织、领导和控制等工作，以便有效地达到既定目标的过程。

（二）管理的职能

管理的职能就是管理所要承担或履行的一系列活动，最早系统地提出管理职能的是法国古典管理学代表人物之一的亨利·法约尔（Henri Fayol），将管理分为计划、组织、协调、指挥和控制五项职能，此后管理学家们对管理的职能提出了各种不同的看法。

国内通常将管理职能划分为计划、组织、领导、控制。

①计划：对组织的目标和达成目标的方式、途径做出决策和选择。

②组织：管理者根据计划对组织拥有的各种资源进行合理的安排，以实现最佳的组合。

③领导：对下属人员进行指导，激励他们的工作热情，协调他们之间的关系。

④控制：对工作活动进行监控，发现并纠正偏差，以保证目标的实现。

二、人力资源管理的含义、功能、目标及职能

（一）人力资源管理的含义

国内外学者从不同侧面对人力资源管理的概念进行阐释，综合起来可以归为以下五类。

第一类，主要是从人力资源管理的目的来解释它的含义，认为它是借助对人力资源的管理来实现组织的目标。

第二类，主要是从人力资源管理的过程或承担的职能来进行解释，把人力资源看成一个活动过程。

第三类，主要解释了人力资源管理的实体，认为它就是与人有关的制度、政策等。

第四类，主要从人力资源管理的主体解释其含义，认为它是人力资源部门或人力资源管理者的工作。

第五类，从目的、过程等方面综合进行解释。

学术界一般把人力资源管理分为六大模块：①人力资源规划；②招聘与配置；③培训与开发；④绩效管理；⑤薪酬福利管理；⑥劳动关系管理。用来诠释人力资源管理核心思想，帮助企业掌握员工管理及人力资源管理的本质。

综合上述从不同角度来解释人力资源管理的含义，人力资源管理是

指组织为了实现既定的目标，运用现代管理措施与手段，对人力资源的取得、开发、保持和运用等方面进行管理的一系列活动的总和。

（二）人力资源管理的功能

在国内的学者和著作中，提及人力资源管理功能的并不是很多，人力资源管理功能主要有五个：获取、整合、奖酬、调控和开发。

1. 获取

它主要包括人力资源规划、招聘与录用。为了实现组织的战略目标，人力资源管理部门要根据组织结构确定职务说明书与员工素质要求，制订与组织目标相适应的人力资源需求与供给计划，并根据人力资源的供需计划开展招募、考核、选拔、录用与配置等工作。显然，只有首先获取了所需的人力资源，才能对之进行管理。

2. 整合

这是使员工之间和睦相处、协调共事、取得群体认同的过程，是员工与组织之间个人认知与组织理念、个人行为与组织规范的同化过程，是人际协调职能与组织同化职能。现代人力资源管理强调个人在组织中的发展，个人的发展势必会引发个人与个人、个人与组织之间的冲突，产生一系列问题。其主要内容有：①组织同化，即个人价值观趋同于组织理念、个人行为服从于组织规范，使员工与组织认同并产生归属感；②群体中人际关系的和谐，组织中人与组织的沟通；③矛盾冲突的调解与化解。

3. 奖酬

它是指为员工对组织所作出的贡献而给予奖酬的过程，是人力资源管理的激励与凝聚职能，也是人力资源管理的核心。其主要内容是根据对员工工作绩效进行考评的结果，公平地向员工提供合理的、与他们各自的贡献相称的工资、奖励和福利。设置这项基本功能的根本目的在于增强员工的满意感，提高其劳动积极性和劳动生产率，增加组织的绩效。

4. 调控

这是对员工实施合理、公平的动态管理的过程，是人力资源管理中的控制与调整职能。它包括科学合理的员工绩效考评与素质评估；以考评与评估结果为依据，对员工实行动态管理，如晋升、调动、奖惩、离退、解雇等。

5. 开发

这是人力资源开发与管理的重要功能。广义上的人力资源开发包括人力资源数量与质量的开发。人力资源的数量开发，从宏观上看主要方法有人口政策的调整、人口的迁移等；而对于组织而言，其人力资源数量的开发方法有招聘、保持等。人力资源开发是指对组织内员工素质与技能的培养与提高，使他们的潜能得到充分发挥，最大限度地实现其个人价值。它主要包括组织与个人开发计划的制订、组织与个人对培训和继续教育的投入、培训与继续教育的实施、员工职业生涯开发及员工的有效使用。以往在开展人力资源开发工作时，往往只注重员工的培训与继续教育，而忽略了员工的有效使用。事实上，对员工的有效使用是一种投资最少、见效最快的人力资源开发方法，因为它只需将员工的工作积极性和潜能充分发挥出来即可转换为劳动生产率。当员工得到有效使用时，对员工而言，其满足感增强，劳动积极性提高；对组织而言，则表现为员工得到合理配置、组织高效运作、劳动生产率提高。

人力资源管理功能是指它自身所具备或应该具备的作用，这种作用并不是相对于其他事物而言的，而是具有一定的独立性，反映了人力资源管理自身的属性。人力资源管理功能主要体现在四个方面：吸纳、维持、开发、激励。

①吸纳功能主要是吸引并让优秀的人才加入本企业。（基础）

②维持功能是让已经加入的员工继续留在本企业工作。（保障）

③开发功能是让员工保持能够满足当前及未来工作需要的技能。（手段）

④激励功能是让员工在现有的工作岗位上创造出优良的绩效。（核心）

（三）人力资源管理的目标

人力资源管理应该达到或实现什么样的目标呢？国内外学者给出了许多概括和说明。

国外相关学者提出了人力资源管理的四大目标：第一，保证适时地雇用到组织所需要的员工；第二，最大限度地挖掘每个员工的潜质，既服务于组织目标，也确保员工的发展；第三，留住那些通过自己的工作有效地帮助组织实现目标的员工，同时排除那些不能对组织提供帮助的员工；第四，确保组织遵守政府有关人力资源管理方面的法令和政策。

国内学者将人力资源管理的目标归纳为三点：①保证组织人力资源的需求得到最大限度的满足；②最大限度地开发和管理组织内外的人力资源，促进组织的持续发展；③维护和激励组织内部的人力资源，使其潜能得到最大限度的发挥，使人力资本得到应有的提升和扩充。

人力资源管理目标是指企业人力资源管理需要完成的职责和需要达到的绩效。人力资源管理既要考虑组织目标的实现，又要考虑员工个人的发展，强调在实现组织目标的同时实现个人的全面发展。

1. 人力资源管理目标的内容

人力资源管理目标包括全体管理人员在人力资源管理方面的目标与任务和专门的人力资源管理部门的目标与任务。显然两者有所不同，属于专门的人力资源管理部门的目标与任务不一定是全体管理人员的人力资源管理目标与任务，而属于全体管理人员承担的人力资源管理目标与任务，一般都是专门的人力资源管理部门应该完成的目标与任务。

无论是专门的人力资源管理部门还是其他非人力资源管理部门，进行人力资源管理的目标与任务，主要包括以下三个方面。

①保证组织对人力资源的需求得到最大限度的满足。

②最大限度地开发与管理组织内外的人力资源，促进组织的持续发展。

③维护和激励组织内部人力资源，使其潜能得到最大限度的发挥，使人力资本得到应有的提升和扩充。

2. 人力资源管理目标的主要组成

（1）人力资源管理的总体目标

人力资源管理的总体目标是指通过人力资源管理活动所争取达到的一种未来状态。它是开展各项人力资源管理活动的依据和动力。

人力资源管理的最高目标是促进人的发展。从生理学角度看，人的发展包括生理发展与心理发展。前者是后者的基础，后者的发展则进一步影响和促进前者的发展。从教育学角度看，人的发展包括全面发展与个性发展。全面发展是指人的体力和智力以及人的活动能力与道德品质的多方面发展，个性发展是指基于个性差异基础上的个人兴趣、特长的开发与发展。全面发展和个性发展是相互促进的关系，二者有机结合是社会高度发展的产物，也是人力资源开发与管理的最高目标。

（2）人力资源管理的根本目标

人力资源管理的目标是为充分、科学、合理地发挥和运用人力资源对社会经济发展的积极作用而进行的资源配置、素质提高、能力利用、开发规划等。而发挥并有效地运用人的潜能是其根本目标，因为已经存在的人力，并不等于现实的生产力，它常常是以潜在的形态存在。所以，人力资源管理的根本目标就是采用各种有效的措施充分发挥劳动者潜力，提高劳动者质量，改善劳动者结构，合理配置和管理使用，以促进劳动者与生产资料的最佳结合。

（3）人力资源管理的具体目标

①经济目标。使人力与物力保持最佳比例和有机结合，使人和物都充分发挥出最佳效应。

②社会目标。培养高素质人才，促进经济增长，提高社会生产力，以保证国家、民族、区域、组织的兴旺发达。

③个人目标。通过对职业生涯设计、个人潜能开发、技能存量和知识存量的提高，使人力适应社会、融入组织、创造价值、奉献社会。

④技术目标。不断完善和充分使用素质测评、工作职务分析等技术手段和方法，并以此作为强化和提高人力资源管理工作的前提和基础。

⑤价值目标。通过合理的开发与管理，实现人力资源的精干和高效。正如马克思（Marx）所说，真正的财富在于用尽量少的价值创造出尽量多的使用价值，即在尽量少的劳动时间内用尽量低的成本创造出尽量丰富的物质财富。

如果人的使用价值达到最大，则人的有效技能可以发挥到最大。因此，人力资源开发与管理的重要目标就是取得人力资源的最大使用价值，发挥其最大的主观能动性，培养全面发展的人。

（四）人力资源管理的基本职能及其关系

1. 人力资源管理的基本职能

人力资源管理的功能和目标是通过它所承担的各项职能和从事的各项活动来实现的，对于人力资源管理的职能和活动，国内外的学者同样也存在各种不同的观点。

西方人力资源管理协会将人力资源管理的职能划分成六种：①人力资源规划、招募和选择；②人力资源开发；③报酬和福利；④安全和健康；⑤员工和劳动关系；⑥人力资源研究。这六种职能的每一种又是由一系列的活动组成的。

人力资源管理的基本职能概括为以下八个方面。

（1）人力资源规划是一项系统的战略工程

人力资源规划是以企业发展战略为指导，以全面核查现有人力资源、分析企业内外部条件为基础，以预测组织对人员的未来供需为切入点，内容包括晋升规划、补充规划、培训开发规划、人员调配规划、工资规划等，基本涵盖了人力资源的各项管理工作，人力资源规划还通过人事政策的制订对人力资源管理活动产生持续和重要的影响。

（2）组织设计与职位分析

企业的组织结构设计就是在企业的组织中，对构成企业组织的各要素进行排列、组合，明确管理层次，分清各部门、各岗位之间的职责和相互协作关系，使其在实现企业的战略目标过程中获得最佳的工作业绩。职位分析是一种确定完成各项工作所需技能、责任和知识的系统过程，是人力资源管理工作的基础，其分析质量对其他人力资源管理模块具有举足轻重的影响。

（3）人员招募

员工招聘是指组织根据人力资源管理规划和工作分析的要求，从组织内部和外部吸收人力资源的过程。员工招聘包括员工招募、甄选和聘用等内容。

（4）培训与开发

培训与开发主要担负企业人才的选、育、用、留职能。在企业整体人才规划战略指导下，企业需要怎样的人才，如何通过该模块的职能去实现企业战略目标下的合格人才培养和开发需求，这是培训与开发的重点工作方向。

（5）绩效管理

绩效管理是指各级管理者和员工为了达到组织目标共同参与的绩效计划制订、绩效辅导沟通、绩效考核评价、绩效结果应用、绩效目标提升的持续循环过程，绩效管理的目的是持续提升个人、部门和组织的绩效。

（6）薪酬管理

这一职能所要进行的活动有确定薪酬的结构和水平，实施职位评价，制订福利和其他待遇的标准，以及进行薪酬的测算和发放等。

（7）职业生涯规划与管理

职业生涯规划与管理是指企业及员工把个人发展目标与企业发展目标紧密结合，对影响员工职业生涯的个人因素和环境因素进行分析，制订员工个人职业发展战略规划，并创造各种条件促成这种规划得以实现，从而促进企业和员工共同发展。

（8）劳动关系管理

劳动关系管理就是企业中各主体，包括企业所有者、企业管理者、员工和员工代理人等之间围绕雇佣和利益关系而形成的权利和义务关系。

2．人力资源管理基本职能之间的关系

对于人力资源管理的各项职能，应当以系统的观点来看待。它们之间并不是彼此割裂和孤立存在的，而是相互联系、相互影响，共同形成了一个有机的系统。

在整个人力资源管理职能系统中，职位分析和职位评价起到了平台和基础的作用。首先，职位分析为人力资源规划、招聘录用、培训开发、薪酬管理等提供了信息支持。组织为了发展的需要必须依据职位分析中的各种任职资格要求对新招聘的或已不能胜任工作岗位、技术和环境要求的老员工进行技术培训和潜能开发。员工工资层级、福利待遇条件、奖惩有了职位说明书为依据更显得科学和公平。其次，职位评价对人力资源规划、培训开发、绩效管理、员工关系管理起到监督和调整作用。通过职位评价可以对部门和岗位的工作绩效做出直观判断，分析出组织工作绩效低的原因，找出提高组织工作效率的途径。

人力资源规划处于整个人力资源管理职能循环体系的起点，是实现其他人力资源管理职能的保障。人力资源规划是职位分析在人事管理中的具体体现。职位分析为组织确定了长期的发展战略和招聘录用的宏观方向，人力资源规划则为组织解决了战术上的难题。第一，培训开发是人力资源规划和招聘录用之后必不可少的后续工作，在培训的过程中，培训需求的确定也要以职位说明书对业务知识、工作能力和工作态度的要求为依据，培训开发的难度取决于招聘录用的质量。三者共同为组织的绩效提供保障。第二，培训开发与绩效管理有着直接、紧密的联系。培训开发的目的就在于提高人员对职位的适应度，从而提高组织的绩效以实现组织的既定目标。第三，培训开发与薪酬管理也有着密不可分的关系，员工薪酬的内容除了工资、福利等货币形式外，还包括各种各样的非货币报酬形式，培训就是其中较为常见的一种。第四，从员工关系管理角度来看，培训开发为各部门员工提供了交流的平台。就部门内部来看，培训开发通过组织文化教育、发展需求教育等有利于员工形成共同的追求和价值观，提高组织承诺。

薪酬管理是人力资源管理职能中最外显的职能。薪酬水平反映了组织内部各职位及整体平均薪酬的高低状况和企业的外部竞争能力。薪酬的设定必须考虑组织的经济实力和社会平均薪酬水平,具体岗位还要进行具体分析,这就要以组织事先做的职位分析和人力资源规划为依据。公平合理的薪酬制度有利于保持组织内部团结协作,而在薪酬设计中适当的拉开岗位间的差距、对绩效突出的员工及时给予奖励则有利于在组织内形成良好的竞争氛围。培训开发本身就是薪酬的重要组成部分,而且对于越是追求上进的员工其激励的作用越明显;另外,通过培训开发,员工被组织委以重任,也才有提高薪酬的可能性。

三、战略性人力资源管理的含义

国外学者根据对管理的层次划分,把人力资源管理划分为三个层次:战略层、管理层、操作层。战略层的人力资源管理指如何根据组织的长期战略定位,制定相应的人力资源管理政策和总体目标;管理层的人力资源管理指如何获取和分配人力资源,以保证战略规划的贯彻落实;操作层的人力资源管理则是根据管理层人力资源管理的计划所进行的日常操作。

战略性人力资源管理的目的就在于确保:①人力资源管理应当和组织战略及其战略需求结合起来;②不同领域和层次的人力资源管理能保持一致,并能紧密地结合起来;③人力资源管理应能被直线经理和一般员工所接受、采用,并贯彻到日常工作中去。其不仅强调人力资源管理与组织战略的结合,而且强调人力资源管理各层次和各领域的结合,把战略性人力资源管理的概念往前推进了一步。

战略性人力资源管理就是使员工具备实现组织战略所必需行为的一切管理活动。其层面被划分为哲学(Philosophy)、政策(Policies)、程序(Program)、实务(Practices)和流程(Processes)五方面构成的5P模型,强调5P模型内部要保持高度一致,并与组织的战略业务需求系统地结合起来。

战略性人力资源管理定义为，为了使组织能够实现其目标，所规划和采用的人力资源实务和活动的模式。其定义具体包括四个方面的含义：①人力资源非常重要，是企业获取竞争优势的主要资源之一；②人力资源政策、流程和实务是组织借助人力资源获取竞争优势的主要方法；③人力资源管理是一套系统模式，这套模式既应该与企业的战略相吻合，同时内部各项职能和实务也应该互相吻合；④人力资源、人力资源管理实务及其模式都应该以服务组织战略为目的。也可以理解为一套模式，从更宏观和系统的角度来看待战略性人力资源管理与组织绩效之间的关系，这不能不说是对以前概念的又一次发展。

虽然战略性人力资源管理的界定并不完全相同，但是可以发现，在这些定义中有一些共同点：强调人力资源管理与企业战略的结合，从企业的角度来考虑人力资源管理；强调人力资源管理是一个多层面的概念，不同层面应该有机地结合起来为企业战略服务；人力资源管理的各项职能应保持高度一致，共同为企业服务。综上所述，战略性人力资源管理就是以组织为导向，根据组织战略制定相应的人力资源管理政策、制度与管理措施，以推动组织战略实现的过程。

四、战略性人力资源管理的基本特征

战略性人力资源管理与传统人力资源管理相比是一种新模式、新理念，不仅具有新的内容，而且具有新的特征。对战略性人力资源管理的本质和内涵的不同理解，造成了对战略性人力资源管理特征也有不同的理解。一般来说，战略性人力资源管理具有重要性、系统性、战略性和目标性四个特征。有些学者提出了匹配性、协同性、系统性、灵活性以及捆绑性等各种特征。我国学者则从与过去人力资源管理的对比中，就战略性人力资源管理中人力资源的重要性、战略性人力资源管理的职能、战略性人力资源管理与战略的关系、战略性人力资源实践、战略性人力资源绩效关注焦点等五个方面总结了战略性人力资源管理的实践特征。战略性人力资源管理具有以下显著特征。

（一）战略性

人力资源管理战略和企业战略紧密结合是战略性人力资源管理的核心特征，其战略性也是战略性人力资源的本质所在。但对战略性人力资源管理中战略性的理解存在很大的不同，学者们从不同的角度阐述了战略性人力资源管理的战略性。一些学者认为战略是一种"关系"，即人力资源管理实践和系统与组织绩效之间的关系，这种关系就是"战略"。

还有一些学者认为，战略就是"适应性"，即人力资源管理实践和系统与组织竞争战略之间的适应性，他们认为人力资源管理系统与企业战略之间的契合和协同性才是人力资源管理的战略性表现。例如，有学者将战略人力资源管理中的战略定义为"人力资源管理实践和政策与组织输出之间的关系"。但基本的观点认为战略性主要表现在"战略贡献者"的作用上。

可以从三个方面论述这种作用：提高企业的资本运营绩效；扩展人力资本；保证有效的成本系统。

也有学者侧重于从企业人力资源管理对企业价值链的重构、人力资源管理实践边界的扩展等角度，阐述人力资源管理职能的战略性定位。

战略性人力资源管理的本质特征表现在"战略性"层面上，主要体现在四个方面：①在战略指导思想上，现代人力资源管理是"以人为本"的人本管理；②在战略目标上，现代人力资源管理是为了"获得竞争优势"的目标管理；③在战略范围上，现代人力资源管理是"全员参与"的民主管理；④在战略措施上，现代人力资源管理是运用"系统化科学和人文艺术"的权变管理。

（二）匹配性

战略匹配是战略性人力资源管理的关键，企业要通过战略整合来保持企业战略和人力资源战略的一致性。战略性人力资源管理是与组织经营战略互动的管理系统。战略性人力资源管理是一种统一性与适应性相结合的人力资源管理，必须与"组织的战略"及"战略需求"相统一。战略性人力资源管理在组织中的运作强调其实践过程的匹配性。具体而言，匹配性包括纵向匹配和横向匹配。纵向匹配即人力资源管理必须与企业的发展战略匹配，其中包括人力资源整合计划与战略的匹配；组织结构及组织文化与战略的匹配；人力资源具体实践活动与人力资源整合计划的匹配；个体目标与组织目标的匹配。横向匹配即整个人力资源管理系统各组成部分或要素相互之间的匹配。另外，匹配性还意味着动态性。因为要保证人力资源实践活动的纵向匹配和横向匹配，必然要关注组织内各要素的变化。战略匹配是战略性人力资源管理的核心要求，有五种类型的战略匹配：①作为战略性的互动匹配；②作为权变的匹配；③作为理想的系列实践的匹配；④作为整体性的匹配；⑤强调组织各项人力资源事件间的匹配。当然还有一些学者从内部匹配与外部匹配方面论述了战略性人力资源管理的匹配性。

（三）协同性

协同性，又称捆绑性，指组织内部人力资源管理各项实践活动协同发挥作用，共同服务于某一特定目标的组合模式。人力资源管理实践的捆绑性特征基于匹配性特征。正是由于各项人力资源实践间的匹配能够使人力资源管理获取协同效应，所以才能促使运作中人力资源管理实践间的捆绑。一般而言，实践活动的捆绑模式又可分为两类：一是所有人力资源管理的具体实践活动组合在一起，没有核心实践活动，这种模式强调了所有实践活动的系统性和均衡性。二是在所有实践活动中，以一项或某几项为核心而捆绑在一起，这种模式往往是根据组织自身特征和要求强调某一项或某几项事件活动的作用，并使其他实践活动支持核心活动。捆绑性就是寻求互补的人力资源实践之间的捆绑或结合，力图找到最有效地发挥协同作用的模式。

（四）目标性

战略性人力资源管理的目的是通过确保组织获取具有良好技能和良好激励的员工，使组织获得持续的竞争优势，从而形成组织的战略能力，依靠员工实现战略目标和依靠核心人力资源去建立竞争优势。战略性人力资源管理的目标与目标性也不同于人力资源管理的目标，其目标性具有两个显著特点：其一是战略性人力资源管理方式下的目标更强调员工的个人目标与企业战略结合在一起。战略性人力资源管理的一个重要原则是双层双元原则。"双元"一是指企业发展，二是指员工发展；"双层"一是指企业层次，二是指员工层次，即在企业和员工层次都要：既考虑个人发展，又想到企业发展。也就是说，要通过合理的战略性人力资源管理使企业目标和员工个人发展目标尽可能相匹配。在企业管理理论中，对于人性的假设一直是各种企业管理理论的基础。而在战略性人力资源管理中，人被赋予了"自我实现的人"的角色，这也是人力资源管理的重要目标。其二是战略性人力资源管理的目标更在于长期性、整体性。

（五）灵活性

战略性人力资源管理研究中有两个核心概念：一个是战略性，另一个是灵活性。在对人力资源管理与战略匹配的研究中，学者们越来越重视战略性人力资源管理的灵活性。战略性人力资源管理的灵活性是与战略性紧密结合在一起的，在对战略性人力资源管理的研究文献中，提出了两种战略匹配与灵活性的关系，一种是"坐标式的视角"，一种是"互补式的视角"。企业面临着复杂动态的环境，需要企业的这种灵活性来适应不断变化的需求。战略性人力资源管理的灵活性，是指企业人力资源管理帮助企业及时有效地适应外部和内部环境的能力。西方学者提出了需要重视的三个方面的灵活性：开发一个能够很快适应变化的人力资源管理系统；开发一个具有适应性的人力资本"水池"；在雇员中促进行为的灵活性。并认为存在两种基本的灵活性：一是资源灵活性，二是协调灵活性。当然，不同的学者研究战略性人力资源管理所强调的灵活性是不同的。如有的强调通过招聘具有创造潜力的雇员来建立这种灵活性，而人力资源的灵活性应该从培训雇员具有广泛的才能入手。但有一点是共同的，他们都强调灵活性与雇员的技能以及雇员行为的联系。

战略性人力资源管理是基于人力资源重要性的提升，是基于人力资源作为企业战略性资源、竞争优势的源泉而提出的。它的本质集中体现在战略性上。战略性与灵活性是其核心，战略性是其本质与基础。匹配性是战略人力资源管理的关键，是战略性的保障。只有人力资源管理系统与战略目标相匹配，才能体现出其战略性。人力资源管理系统与战略相匹配，就可以发挥其协同性，共同服务于提高组织绩效和获取竞争优势的目标，即体现其目标性。

五、战略性人力资源管理的主要观点

战略性人力资源管理的概念提出后受到了广泛的重视，成为管理学界和人力资源管理界研究的热点。围绕战略性人力资源管理的概念以及战略性人力资源管理与组织绩效之间的关系，国内外学者开展了大量的研究。纵观多年来的研究，学者们对战略性人力资源管理主要有三种不同的观点。

（一）普适性观点

持普适性观点的研究者认为，人力资源管理实务与组织绩效之间存在正向的线性关系，并且这种关系适用于所有的企业。采用这些人力资源管理实务能明显提高企业的绩效水平，所有的组织都应该采用这些放之四海皆准的真理性人力资源管理实务。

高绩效工作系统应包括七项得到广泛认可的人力资源管理实务，它们是内部提升机会、正式的培训系统、绩效评价、利润分享计划、员工安全感、员工发言权和工作界定。采用高效工作系统的组织，其离职率更低，生产力更强，经济效益也会更好。

（二）权变性观点

权变性观点的研究者认为，人力资源管理与组织绩效之间并不是一种线性关系，它会受到各种变量的影响。大部分学者都主张把组织战略作为一项关键的权变变量，认为组织战略会影响人力资源管理与组织绩效之间的关系。当组织采用 A 战略时，某项人力资源管理实务可能会影响组织绩效；而当采取 B 战略时，这项人力资源管理实务可能并不影响组织绩效，或者会产生不同影响。也就是说，采用不同战略的组织应该采用不同的人力资源管理实务。

（三）配置性观点

配置性观点把各项人力资源管理实务所形成的配置或模式作为自变量，来考察其与组织绩效之间的关系配置性观点比普适性、权变性观点都更为系统和复杂：其一，配置性观点采用整体和系统的观点来分析问题，力图寻找能使组织绩效最大化的人力资源管理配置或模式；其二，配置性观点假设，不同的配置或模式都能使组织绩效最大化；其三，这些配置是从理论上推论出来的理想框架，而不是实际观察到的现象。采用配置性观点研究战略性人力资源管理时，必须先从理论上推导出理想的人力资源管理配置或模式，再分析组织实际的人力资源管理模式和理想模式的吻合程度与组织绩效之间的关系。

人力资源管理模式可以划分为两大类：一类是降低成本的人力资源管理模式；一类是提高员工承诺的人力资源管理模式，采用"提高员工承诺"的人力资源管理配置的组织，其生产率更高，损耗率更低，员工离职率也低。

企业在建立战略性人力资源管理的过程中，可以同时参考这三种观点。首先，可以根据普遍性的观点，考虑究竟哪些人力资源管理实务会对企业的绩效有明显的影响；其次，应该根据企业的自身情况，尤其是发展战略，在那些对企业的绩效有明显影响的人力资源管理实务之间进行选择；最后，企业在建立战略性人力资源管理体系时，还应该考虑各种不同的人力资源管理实务之间的互相影响，并进行合理的组织，使得各项人力资源管理实务之间能够互相支持，共同为企业的发展战略服务。

第二章　人力资源战略与人力资源规划

第一节　人力资源战略与人力资源规划概述

一、人力资源战略概述

人力资源战略是企业为适应外部环境日益变化的需要和人力资源开发与管理自身发展的需要，根据企业的发展战略并充分考虑员工的期望而制定的人力资源开发与管理的纲领性的长远规划。有学者提出，人力资源由于具有价值性、稀缺性、不可模仿性和无法替代性的特点，从而成为竞争优势的源泉。随着管理实践的发展，人力资源成为企业获取竞争优势的观点得到了认可，因此，现代企业为了实现企业战略，为了获得并保持竞争优势，就必须专注于人力资源战略管理问题，以培养和保持企业的人力资本优势。

（一）人力资源战略的发展历程

20世纪初期，由于产业革命带来的生产工具与生产动力的变革，使以手工劳动为基础的工厂手工劳动转向了机器大生产，资本主义工厂制度迅速确立起来，推动了经济迅速发展。企业为了攫取最大化的利润，不断降低工人工资来减少生产成本，再加上资本主义经济危机（危机期间裁减工人，降低工资）的影响，造成劳资关系紧张，工人消极怠工，影响了生产效率的提高。以泰勒（Taylor）为代表的科学管理运动试图通过科学的管理来提高工业效率。如何把员工和工作进行匹配以确保他们得到合理的报酬被泰勒看作"技术问题"，如人事工作者应用泰勒所要求的科学方法，使用新的测量技术去合理地选择和配置雇员。在这个时期，企业人力资源管理的重点是如何选择合适的员工和通过人力资源措施来提高工作效率，人力资源管理被看作"技术活动"。

管理思想的创新和管理实践的发展推动了人力资源管理的向前发展。20世纪30～50年代的人际关系运动促使企业在管理中重视"人"的因素，关注员工关系的管理。六七十年代操作研究和系统优化运动的兴起，为人事负责人在工作再设计、工作评价、人事规划、绩效评价系统设计领域提供了新的服务。其中，人际关系和行为科学学派就十分强调生产率问题中潜在的"人的因素"，分析家们也不断地提供证据证明改善工作环境能提高工作产出。这种更为人性化的人力资源政策和实践与科学管理阶段的原则和假设截然不同。特别是在60年代后，经济和科学技术的快速发展扩大了社会对各种人才的需求。那时人力资源管理的主要功能是预测企业的人力资源需求，并根据预测结果制订人员招聘、配置方案，制订员工培训与开发方案等。可以看出，这时人力资源管理为了适应企业的需要而开始进行计划，开始具备一定的战略意味。

进入20世纪80年代，企业开始对多元化战略进行反思，逐渐认识到战略的制定不是简单机械的过程，不同组织有不同的战略，战略规划和实际结果存在差距，战略需要根据外界条件的变化不断进行调整。同时，全球化的步伐开始加快，企业间的竞争已经跨越了国界。面对迅速变化的经营环境，企业实施成功的战略管理对企业的生存和发展具有重要意义。越来越多的学者开始关注企业内部的资源和能力，人力资源被认为是企业产生核心能力的源泉。在人力资源领域，研究者也将研究的重点集中于人力资源各模块之间的匹配，试图建立一个更加综合、严密的系统以有效地对员工进行管理。也正是在这个时候，人力资源战略的概念开始出现在管理文献之中。国外学者怀特（Wright）和麦克玛罕（McMahan）把人力资源战略描述为"规划人力资源配置和活动的模式……以保持一段时间内的连续性和各种不同决策和活动的一致性"。英国发明家贝尔德（Baird）和米肖拉姆（Misholam）认为，内部匹配和外部匹配对人力资源战略的研究和实践都十分重要。内部匹配是指组织内人力资源管理的各组成部分之间的一致性。例如，如果目标是招聘高素质的员工，那么人力资源的活动，如开发、薪酬和评估就必须支持核心员工的发展和保持。外部匹配聚焦于人力资源战略和实践与企业的发展阶段和战略方向如何适应，大多数人力资源战略研究者把精力放在了研究如何使人力资源实践和不同类型的业务战略匹配上，还在他们提出的竞争战略基础上拓展出一个与其竞争战略相匹配的人力资源战略模型。此时，真正意义上的人力资源战略才形成，并指导企业人力资源管理实践。

从以上分析可以看出，在 20 世纪 80 年代以前，人力资源活动并不是真正意义上的人力资源战略管理活动，它还停留在技术活动的层面上，只是随着管理理论和实践的发展，不断出现新的技术来解决生产经营中出现的问题，这些人力资源措施由于没有系统地进行设计，人力资源措施之间可能是"死敌"，相互之间唱反调，传递出不一致甚至是相互冲突的信息。进入 80 年代后，学者们受资源基础理论的影响，开始关注从企业整体的角度来考虑人力资源问题，如何使人力资源措施之间配合形成合力，如何使人力资源战略支撑企业战略，以确保企业战略的实现。直到此时，人力资源战略才真正形成，人力资源战略是随着管理理论和实践的发展而逐渐形成和发展的。

（二）人力资源战略的含义

人力资源战略是一个相对较晚出现的概念，研究者们从不同的角度对其进行界定，得出了不同的结论，至今人力资源战略还没有一个被广泛接受的定义。

美国学者舒勒（Schuler）认为，人力资源战略是阐明和解决涉及人力资源管理的基本战略问题的计划和方案。戴尔提出了一个决策性的人力资源战略概念，他把组织的人力资源战略定义为"从一系列人力资源管理决策中出现的模式（Pattern）"。戴尔和霍德（Hord）提出了一个更为综合的人力资源战略概念，认为人力资源战略被看作人力资源目标和追求战略目标的综合。当一个业务战略形成并被接受之后，支撑战略目标的关键人力资源目标就已经形成，为完成这些目标必需的方法（如计划和政策等）也同时被设计出来并得以执行。例如，如果一个组织的战略是选择成为一个低成本的制造商，主要的人力资源目标就是高绩效和低人头数。这反过来导致了员工人数的减少和员工培训费用的增加，这种人力资源目标和方式的综合就是组织的人力资源战略。人力资源战略是由人力资源经理和直线经理共同去解决与人有关的业务问题（Business Issue）的一套活动和过程。经理们必须制订一些有指导意义的方案以解决这些与人相关的业务问题，这些方案和计划将集中（Focus）、动员（Mobilize）和指导（Guidance）人力资源行为以成功解决对企业至关重要的业务问题，这些计划和方案就组成了人力资源战略的核心。苹果公司首席执行官库克（Cook）认为，人力资源战略是指员工发展决策及员工有重要的、长期影响的决策，是根据企业战略制定的人力资源管理与开发的纲领性的长远规划，并通过人力资源管理活动来实现企业战略目标。密歇根大学教授沃尔里奇（Ulrich）认为，人力资源战略是企业高层管理团队建立的一种策略、组织和行动方案，试图改造人力资源功能。

以上对人力资源战略的定义或理解是从两个角度来考虑的：一种是把人力资源战略看作一种决策方案，是导向性的；另一种是把人力资源战略看作解决问题的行动和过程，是行动性的。虽然不能就人力资源战略概念有一个统一的界定，但通过对它们的分析可以总结出人力资源战略的特征如下：一是强调与企业战略的匹配（外部匹配），支撑企业战略的实现；二是强调人力资源实践间的匹配（内部匹配），以系统的观点审视人力资源实践；三是人力资源战略是员工发展决策及对员工有重要的、长期影响的决策。

（三）人力资源战略的类型

人力资源战略指导着企业的人力资源管理活动，它使人力资源管理活动之间能够有效地相互配合。下面介绍三种对人力资源战略的分类。

1. 戴尔和霍德的研究

根据戴尔和霍德的研究，人力资源战略可分为三种：诱引战略、投资战略和参与战略。

（1）诱引战略

诱引战略是指自己不培养员工，而通过丰厚的报酬去诱引人才，从而形成高素质的员工队伍。在这种战略下，吸引员工的是高薪酬、高福利，从而可能使企业的人工成本较高。因此，企业往往严格控制员工人数，并力求诱引的员工都是高质量的，减少了对员工的培训费用。在这种战略下，企业与员工的关系主要是金钱关系，工作报酬主要取决于员工努力的程度，管理上则采取以单纯利益交换为基础的严密的科学管理模式，企业强调员工对目标的承诺，员工往往被要求做繁重的工作，流动率较高。处于激烈竞争环境下的企业常常采取此战略。

（2）投资战略

这种战略通常被那些采取差别化竞争战略的企业所采用，这类企业拥有一定的适应性和灵活性，强调通过自己培养来获取高素质的员工，如孟尝君之"食客三千"，储备了多种专业人才。管理人员注重对员工的支持、培训和开发，视员工为企业最好的投资对象，并力争在企业中营造和谐的企业文化和良好的劳资关系，企业与员工除雇佣关系外，还注重培养员工的归属感，员工流动率较低。

（3）参与战略

采取参与战略的企业大都有扁平和分权的组织结构，能够在对竞争者和生产需求做出决策反应的同时，有效地降低成本。为鼓励创新，这些企业的人力资源管理政策强调人员配备、工作监督和报酬，员工多数是高技术水准的专业人员，可以达到企业人力资源战略目标。企业则为员工提供挑战性的工作，鼓励参与，把报酬与成果密切联系在一起，从而实现战略目标。在这种战略下，管理人员的工作主要是为员工提供咨询和服务，企业注重团队建设和授权。企业在培训中也强调对员工人际技能的培养，如对员工进行魔鬼训练等。大多数日本企业采取这种战略。

2. 斯特雷斯和邓菲的研究

根据斯特雷斯和邓菲的研究，人力资源战略可能因企业变革的程度不同而采取以下四种战略：家长式战略、发展式战略、任务式战略和转型式战略。

(1) 家长式人力资源战略

这种战略主要运用于避免变革、寻求稳定的企业，其主要特点是：①集中控制人事的管理；②强调秩序和一致性；③硬性的内部任免制度；④重视操作与监督；⑤人力资源管理的基础是奖惩与协议；⑥注重规范的组织结构与方法。

(2) 发展式人力资源战略

当企业处于一个不断发展和变化的经营环境时，为适应环境的变化和发展，企业采用渐进式变革和发展式人力资源战略，其主要特点是：①注重发展个人和团队；②尽量从内部招募；③大规模的发展和培训计划；④运用"内在激励"多于"外在激励"；⑤优先考虑企业的总体发展；⑥强调企业的整体文化；⑦重视绩效管理。

(3) 任务式人力资源战略

这种企业面对的是局部变革，战略的制定是采取自上而下的指令方式。这种企业的事业单位在战略推行上有较大的自主权，但要对本事业单位的效益负责。采取这种战略的企业依赖于有效的管理制度，其主要特点是：①非常注重业绩和绩效管理；②强调人力资源规划、工作再设计和工作常规检查；③注重物质奖励；④同时进行企业内部和外部的招聘；⑤重视战略事业单位的组织文化。

(4) 转型式人力资源战略

当企业已完全不能再适应经营环境而陷入危机时，全面变革迫在眉睫，企业在这种紧急情况下没有时间让员工较大范围地参与决策，彻底的变革有可能触及相当部分员工的利益而不可能得到员工的普遍支持，企业只能采取强制高压式和指令式的管理方式，包括企业战略、组织机构和人事的重大改变，创立新的结构、领导和文化。与这种彻底变革相配合是转型式人力资源战略，其主要特点是：①企业组织结构进行重大变革，职务进行全面调整；②进行裁员，调整员工队伍的结构，缩减开支；③从外部招聘骨干人员；④对管理人员进行团队训练，建立新的"理念"和"文化"；⑤打破传统习惯，摒弃旧的组织文化；⑥建立适应经营环境的新的人力资源系统和机制。

3. 舒勒的研究

根据舒勒的研究，人力资源战略分成三种类型：累积型战略、效用型战略和协助型战略。

（1）累积型（Accumulating）战略

即用长远观点看待人力资源管理，注重人才的培训，通过甄选来获取合适的人才；以终身雇佣为原则，以公平原则来对待员工，员工晋升速度慢；薪酬是以职务及年功为依据，高层管理者与新员工工资差距不大。该战略是基于激励员工最大化参与及技能培训，开发员工的能力、技能和知识，获取员工的最大潜能。

（2）效用型（Utilitytype）战略

即用短期的观点来看待人力资源管理，较少提供培训。企业职位一有空缺，随时进行填补，非终身雇佣制，员工晋升速度快，采用以个人为基础的薪酬方案。该战略是基于员工高技能的充分利用和极少的员工承诺，企业雇佣具有岗位所需技能且立即可以使用的员工，注重员工的能力、技能和知识与工作的匹配。

（3）协助型（Assistingtype）战略

即介于累积型和效用型战略之间，个人不仅需要具备技术性的能力，同时在同事间要有良好的人际关系。在培训方面，员工个人负有学习的责任，企业只是提供协助。该战略基于新知识的创造，鼓励员工的自我开发。

从舒勒的人力资源战略分类及其特征可以看出，当企业将人力资源视为一种资产时，就会提供较多的培训，如累积型战略；而当企业将人力资源视为企业的成本时，则会提供较少的培训以节约成本，如效用型战略。

从以上分析可以看出，不同的学者对人力资源战略有不同的分类方法，同时，不同的人力资源战略在人力资源获取渠道、采用的薪酬策略或管理方式等方面都有各自的特点，这就要求企业在管理实践中，必须根据企业的具体情况来选择合适的人力资源战略或人力资源战略组合。需要指出的是，从企业总体来说，大多数企业采取的人力资源政策与主导的人力资源战略相符合；从企业微观层次上来讲，企业可能根据不同的员工而采取不同的措施。

二、人力资源规划概述

人力资源规划是人力资源管理的起点和基础，是制订人力资源具体计划的依据。人力资源规划是根据企业发展战略制订的企业人力资源发展方向和路线，是企业实现战略目标的关键步骤。

（一）人力资源规划的概念和作用

企业发展的关键是企业的人力资源管理，人力资源管理的基础是人力资源规划。搞好人力资源规划，根据企业内外环境确定企业的人力资源需求。规划人力资源的招聘、配置和使用，首先要明确人力资源规划的概念和作用。

1. 人力资源规划的概念

（1）人力资源规划的定义

人力资源规划是以组织发展战略为基础，为了实现组织的战略目标，根据组织内外环境和组织人力资源状况，进行组织人力资源供给和需求预测，以满足组织人力资源需求为目的，对未来一定时期内的人力资源发展做出的安排。

（2）人力资源规划的组成

一是工作目标。工作目标是人力资源规划所要达到的目的，包括组织总体目标和员工具体目标。

二是具体措施。具体措施是实现人力资源规划的方式方法，包括政策制度、经费保障、工作方法和人员安排。

三是工作步骤。工作步骤是实现人力资源规划的时间表，包括计划制订、计划执行、计划总结、计划评估等环节的时间安排。

四是执行要求。执行要求是人力资源规划执行的具体安排，包括计划的执行者、操作者和管理者在计划执行过程中各自的行为和责任。

2. 人力资源规划的作用

一是指导工作。人力资源规划作为企业人力资源管理的依据和基础，指导和推动人力资源管理工作，实现预期目标。

二是监督和保证作用。人力资源规划是企业人力资源管理的依据，也是人力资源计划执行的保证。根据人力资源规划对计划目标、对策措施和行动步骤计划的规定，检查和监督人力资源规划的实施，以保证人力资源规划得以实现。

三是控制成本。人力资源规划作为人力资源管理的基础，为企业的其他计划编写提供了依据。根据计划编制人力资源预算，按照人力资源规划预算进行人力资源管理，能够有效地控制管理成本。

（二）人力资源规划的内容

人力资源规划的内容包括总体人力资源规划和具体人力资源计划。总体人力资源规划是对企业总体人力资源的需求进行安排，具体人力资源计划则是对各项人力资源工作做出安排。

1. 总体人力资源规划

总体人力资源规划是根据组织战略需要，对企业一定时期内总体人力资源进行安排的全局性的人力资源规划。总体人力资源规划包括人员总体配置数量和质量、人员招聘标准和方法、人员使用和配置方式，以及实现人力资源规划的工作步骤和总体成本核算。

2. 具体人力资源计划

具体人力资源计划是根据组织总体人力资源规划的目标和要求，对企业一定时期内具体人力资源管理工作进行安排的单项的人力资源计划。具体人力资源计划包括人力资源的招募和更新计划、人力资源的使用和调整计划、人力资源的培训和发展计划、员工绩效考评计划、员工薪酬及激励计划和人力资源的退休和解聘计划。

(三) 人力资源规划的步骤及影响因素

制定人力资源规划，要分析影响人力资源规划的外部因素和企业内部因素，依据企业的发展战略，制订出适合企业发展战略目标的人力资源规划。人力资源规划分为长期规划、中期计划和短期计划，长期规划在 5 年以上，中期计划为 3～5 年，短期计划一般为 1 年。

1. 人力资源计划的制订步骤和流程

①确定组织的总体发展战略；

②组织结构层次，确定岗位和能级；

③分析组织内外部的人力资源状况；

④对组织的人力资源供求状况进行预测；

⑤编制人力资源计划，包括总体计划和具体分支计划；

⑥制定人力资源计划的执行控制机制，设置人力资源计划评估和调整系统。

2. 影响人力资源计划的因素

(1) 内部因素

一是企业目标。企业目标是根据企业内外部环境制定的企业发展目标。当企业内外部环境发生变化时，企业目标也会发生变化，人力资源计划也会发生相应变化。

二是员工素质。员工素质是人力资源计划中的一个重要方面，员工素质决定着企业目标的实现。员工素质不同，其人力资源管理的方式也会不同。员工素质发生变化时，企业人力资源计划也要发生相应变化。

三是组织形式。组织形式是为实现企业目标服务的，不同的组织形式具有不同的作用。组织形式根据企业战略和员工素质不同而变化，组织形式变化必然影响到人力资源计划。

(2) 外部因素

一是劳动力市场。劳动力市场是企业人力资源的主要来源，企业人力资源的招聘、使用和辞退，都与劳动力市场发生着密切关系。企业制订的人力资源计划，必须根据劳动力市场的变化及时进行调整。

二是政府相关政策。企业人力资源的获取和使用，必须符合国家的相关政策。当国家有关人力资源的政策发生较大变化时，企业就应当及时调整企业的人力资源计划，以保证企业人力资源计划符合国家的方针政策。

三是行业状况。企业的生产和经营离不开行业，当行业情况发生变化时，企业就应当及时调整人力资源计划，以适应行业对人力资源的需求。

第二节　人力资源需求与供给预测

一、人力资源需求预测

（一）人力资源需求预测的含义

预测是指对未来环境的分析。人力资源预测是指在企业评估和预测的基础上，对未来一定时期内人力资源状况的假设。人力资源需求预测是指企业为实现既定目标而对未来所需要员工种类、数量和质量的估算。

企业环境变化会引起企业对人力资源需求的变化。例如，企业引进了新技术时会发现，企业在引进新技术之前与引进新技术之后对人力资源的需求是不同的，这种不同包括所需人员数量的不同、所需人员质量的不同、所需人员专业结构的不同等。

（二）人力资源需求预测的步骤

人力资源需求预测分为现实人力资源需求预测、未来人力资源需求预测和未来流失人力资源需求预测三个部分。人力资源需求预测的典型步骤如下：

①根据职位分析的结果来确定职位编制和人员配置；

②进行人力资源盘点，统计出人员的缺编、超编及是否符合职位资格的要求；

③将上述统计结论与部门管理者进行讨论，修正统计结论；

④该统计结论为现实人力资源需求；

⑤对预测期内退休的人员进行统计；

⑥根据历史数据，对未来可能发生的离职情况进行预测；

⑦将步骤⑤和步骤⑥的统计和预测结果进行汇总，得出未来流失人力资源；

⑧根据企业发展规划，如引进新产品，确定各部门的工作量；

⑨根据工作量的增长情况，确定各部门还需要增加的职位及人数，并进行汇总统计；

⑩该统计结论为未来增加的人力资源需求；

⑪将现有人力资源需求、未来流失人力资源和未来人力资源需求汇总，即得企业整体人力资源需求预测。

通过人力资源需求预测的典型步骤，就可以预测出企业的人力资源需求。在实际的操作中，应分别对企业的短期、中期和长期人力资源需求进行预测。预测的准确性，可以用预测结果与到时的实际结果对照，不断加以调整，使预测结果与实际结果相接近。

（三）人力资源需求预测的定性方法

1. 现状规划法

人力资源现状规划法是一种最简单的预测方法，它是假设企业保持原有的生产规模和生产技术，企业的人力资源应处于相对稳定状态，即企业目前各种人员的配备比例和人员的总数将完全能适应预测规划期内人力资源的需求。在此预测方法中，人力资源规划人员所要做的工作就是预算出在规划期内有哪些人员或岗位上的人将得到晋升、降职、退休或调出本组织的情况，再准备调节人员去弥补就行了。这种方法适用于短期人力资源规划预测。

现状规划法是假定企业各岗位上需要的人员都为原来的人数，它要求企业较稳定，技术不变，规模不变。这一前提条件很难长期成立，对长期的预测效果很差，但能为长期预测提供一条简单易行的思路。

2．经验预测法

经验预测法就是企业根据以往的经验对人力资源进行预测的方法。企业经常用这种方法来预测本组织对将来某段时间内对人力资源的需求。由于此方法是根据以往的经验来进行预测，预测的效果受经验的影响较大。因此，保持企业历史的档案，并采用多人集合的经验，可以减少误差。这种方法适用于技术较稳定的企业的中短期人力资源预测规划。

3．分合性预测法

分合性预测法是一种比较常用的预测方法。首先，企业要求下属各个部门、单位根据各自的生产任务、技术设备等变化的情况，先对本单位将来对各种人员的需求进行预测；其次，在此基础上，把下属各部门的预测数进行综合平衡，从中预测出整个组织将来某一时期内对各种人员的需求总数。这种方法要求在人事部门或专职人力资源规划人员的指导下，下属各级管理人员能充分发挥在人力资源预测规划中的作用。

分合性预测法有很大的局限性，由于会受到各级管理人员的阅历、知识的限制；很难做出长期准确预测，因此，这种方法比较适用于中短期的预测规划。

4．描述法

描述法是人力资源规划人员通过对本企业在未来一定时期有关因素的变化进行描述或假设，并从描述、假设、分析和综合中对将来人力资源的需求进行预测规划。由于这是假定性的描述，因此，人力资源需求就有几种备选方案，目的是适应和应对环境与因素的变化。例如，对某一企业今后 3 年情况变化的描述或假设有以下几种可能性：

①同类产品可能稳定地增长，同行业中没有新的竞争对手出现，在同行业中技术也没有新的突破；

②同行业中出现了几个新的竞争对手，同行业中技术方面也有较大的突破；

③同类产品可能会跌入低谷、物价暴跌、市场疲软、生产停滞，但

同行业中，在技术方面可能会有新的突破。

企业可以根据上述不同的描述和假设情况预测和制订出相应的人力资源需求备选方案。但是，这种方法由于是建立在对未来状况的假设、描述的基础上，而未来具有很大的不确定性，时间跨度越长，对环境变化的各种不确定性就越难进行描述和假设，因此，对于长期的预测有一定的困难。

（四）人力资源需求预测的定量方法

1. 趋势预测法

趋势预测法是一种基于统计资料的定量预测方法，一般是利用过去5年左右时间里的员工雇佣数据。

（1）简单模型法

该模型假设人力需求与企业产出水平（可用产量或劳动价值表示）成一定比例关系，即当已知人员需求的实际值及未来时间的产出水平后，可计算出一定时间内人员需求量的值，实际值并非指现有人数，而是指现有条件及生产水平所对应的人员数，它通常是在现有人员数的基础上，根据管理人员意见或参考同行情况修正估算所得；使用此模型的前提是产出水平同人员需求量的比例已定。

（2）简单的单变量预测模型（一元线性回归分析法）

简单的单变量预测模型仅考虑人力资源需求本身的发展情况，不考虑其他因素对人力资源需求量的影响，它以时间或产量等单个因素作为自变量，以人力数作为因变量，且假设过去人力的增减趋势保持不变，一切内外影响因素也保持不变。使用此模型的前提是产出水平同人员需求量的比例不一定。

（3）复杂的单变量预测模型

该模型是在人力需求当前值和以往值及产出水平变化值的基础上增加劳动生产率变量而建立的。由于考虑了劳动生产率的变化，更具有实用性。劳动生产率的变化一般与技术水平有关，因此，实际上考察的是技术水平变动情况下的人力资源需求变化。技术水平的变化比较容易预测，因为新技术从研究成功到运用一般总有一个时滞。

可以使用计算机应用软件如 Excel、SPSS、SAS 等统计工具来拟合预测方程，减少手工计算时的误差，提高计算速度。使用计算机可处理更多的历史资料，考虑更多的历史资料可增加数据结论的准确性。

2. 劳动生产率分析法

劳动生产率分析法是一种通过分析和预测劳动生产率，进而根据目标生产服务量预测人力资源需求量的方法。这种方法的关键部分是如何预测劳动生产率。如果劳动生产率的增长比较稳定，预测就比较方便，使用效果也较佳。劳动生产率预测可直接用外推预测法；也可以对劳动生产率的增长率使用外推预测法，这种方法适用于短期预测。

3. 多元回归预测法

多元回归预测法同样是一种建立在统计技术上的人力资源需求预测方法。与趋势预测法不同的是，它不只考虑时间或产量等单个因素，还考虑了两个或两个以上因素对人力资源需求的影响。多元回归预测法不单纯依靠拟合方程、延长趋势线来进行预测，它更重视变量之间的因果关系。它运用事物之间的各种因果关系，根据多个自变量的变化来推测因变量的变化，而推测的有效性可通过一些指标来加以控制。

人力资源需求的变化总是与某个或某几个因素有关。通常都是通过考察这些因素来预测人力资源需求情况。首先，应找出与人力资源需求量有关的因素，将其作为变量，如销售量、生产水平、人力资源流动比率等；其次，找出历史资料中的有关数据及历史上的人力资源需求量，要求至少 20 个样本，以保证有效性。对这些因素利用 Excel、SPSS 等统计工具中的多元回归计算来拟合出方程，利用方程进行预测。在多元回归预测法中，使用计算机技术非常必要，多元回归计算比较复杂，手工计算耗时多，易出错，使用计算机可避免这些因素对准确性的影响。

二、人力资源供给预测

人力资源规划除了用到人力资源需求预测方法外，还要有人力资源供给预测方法作为保障。只有在人员需求预测和人员供给预测两者都正确的基础上，才能知道企业各类人才需求和供给的实际情况，才能保证企业人力资源规划的正确性。

（一）人力资源供给预测的含义

为了保证企业的人力资源供给，企业必须对内部和外部的人力资源供给情况进行估计和预测。通过人力资源供给预测的结果与人力资源需求预测的结果进行比较，找出差距，才可以制订相应的人力资源具体计划。

人力资源供给预测是指企业为了实现其既定目标，对未来一段时间内企业内部和外部各类人力资源补充来源情况的预测。

人力资源供给预测与人力资源需求预测有所不同，人力资源需求预测研究的只是组织内部对于人力资源的需求，而人力资源供给预测则需要研究组织内部的人力资源供给和组织外部的人力资源供给两个方面。

（二）人力资源供给预测的步骤

人力资源供给预测是一个比较复杂的过程，预测的步骤也是多样化的，但典型的步骤如下。

（1）对企业现有的人力资源进行盘点，了解企业员工状况。

（2）分析企业的职位调整政策和历史员工调整数据，统计出员工调整的比例。

（3）向各部门的人事决策者了解可能出现的人事调整情况。

（4）将步骤（2）和步骤（3）的情况汇总，得出企业内部人力资源供给预测。

（5）分析影响外部人力资源预测的地域性因素，包括：

①企业所在地的人力资源整体状况；

②企业所在地的有效人力资源的供求现状；

③企业所在地对人才的吸引程度；

④企业薪酬对所在地人才的吸引程度；

⑤企业所能提供的各种福利对当地人才的吸引程度；

⑥企业本身对人才的吸引程度。

（6）分析影响外部人力资源供给的全国性因素，包括：

①全国相关专业的大学生毕业人数及分配情况；

②国家在就业方面的法规和政策；

③该行业全国范围的人才供需状况；

④全国范围内从业人员的薪酬范围和差异。

（7）根据步骤（5）和步骤（6）的分析，得出企业外部人力资源供给预测。

（8）将企业内部人力资源供给预测和企业外部人力资源供给预测汇总，得出企业人力资源供给预测。

这些步骤共同构成了人力资源供给预测。

（三）人力资源内部供给预测

在人力资源供给预测中，为了预测的简便和准确，首先要考虑企业现有的人力资源存量，然后在假定人力资源管理政策不变的前提下，结合企业内外部条件，对未来的人力资源供给数量进行预测。

下面介绍一些人力资源内部供给预测常用的方法。

1．技能清单

技能清单是用来反映员工工作记录和工作能力特征的列表。这些能力特征包括：培训背景、以往的经历、持有的证书、已经通过的考试、主管的能力评价等。技能清单是对员工的实际能力的记录，可帮助人力资源规划人员估计现有员工调换工作岗位的可能性，以及确定哪些员工可以补充当前的岗位空缺。

2．人员核查法

人员核查法是通过企业现有人力资源数量、质量、结构在各方面的分布状态进行核查，从而掌握企业可供调配的人力资源拥有量及其利用潜力，并在此基础上，评价当前不同种类员工的供求状况，确定晋升和岗位轮换的人选，确定员工特定的培训或发展项目的需求，帮助员工确定职业开发计划与职业通路。

它的典型步骤如下：

①对组织的工作种类进行分类，划分其级别；

②确定每一职位每一级别的人数。

3．管理人员替代法

管理人员替代法是通过一张管理人员替代图来预测企业内部的人力

资源供给情况。在管理人员替代图中，要给出部门、职位全称、在职员工姓名、职位（层次）、员工绩效与潜力等各种信息，依次来推算未来的人力资源变动趋势。

它的典型步骤如下：

①确定人力资源规划所涉及的工作职能范围；

②确定每个关键职位上的接替人；

③评价接替人选的工作情况和是否达到提升的要求；

④了解接替人选的职业发展需要，并引导其将个人的职业目标与组织目标结合起来。

针对某一部门具体管理人员的接替，用管理人员接替图的方法相当直观，接替图至少要包括两方面的信息。

①对管理者工作绩效的评价；

②提升的可能性。

（四）人力资源外部供给预测

内部人力供给不足时，要考虑外部供给的可能性。外部人力资源供给预测主要是对劳动力市场的情况进行分析，对可能为组织提供各种人力资源的渠道进行分析，对与组织竞争相同人力资源的竞争性组织进行分析，从而得出企业可能获得的各种人力资源情况，获得这些人力资源可能的代价及可能出现的困难和危机。下面介绍人力资源外部供给预测的常用方法。

1. 查阅资料

企业可以通过互联网及国家和地区的统计部门、劳动和人事部门发布的一些统计数据及时了解人才市场信息。另外，也应该及时关注国家和地区的政策法律变化。

2. 直接调查相关信息

企业可以就自己所关注的人力资源信息进行调查。除了与猎头公司、人才中介机构保持长期、紧密的联系外，企业还可以与高校保持长期的合作关系：以便密切跟踪目标生源的情况，及时了解可能为企业提供的目标人才状况。

3. 对雇佣人员和应聘人员的分析

企业通过对应聘人员和已经雇用的人员进行分析，也会得出未来人力资源供给状况的估计。

第三章 培训与开发

第一节 培训与开发概述

培训与开发一方面可以提高员工的知识技能，另一方面可以使员工认可和接受企业的文化和价值观，提升员工的素质并吸引保留优秀员工，增强企业凝聚力和竞争力。在纷繁复杂、不断变化的市场竞争环境下，企业要想立于不败之地，就必须持续扩充和增强人力资本，因而准确地理解培训与开发是很有必要的。

一、培训与开发的概念

现代人力资源管理的目的就是组织最大限度地发挥员工能力，提高组织绩效。在人力资源管理理论中，培训与开发是两个既有区别又有联系的概念。

（一）基本概念

培训与开发（training and development，T&D）是指为了使员工获得或改进与工作有关的知识、技能、动机、态度和行为，有效提高员工的工作绩效以及帮助员工对企业战略目标做出贡献，组织所做的有计划的、系统的各种努力。

（二）培训与开发的历史沿革

虽然有人认为培训与开发是新兴领域，但在实践中，人类组织培训与开发的历史源远流长，可以追溯到 18 世纪。培训与开发的发展主要经历了以下几个阶段。

1．早期的学徒培训

在手工业时代，培训与开发主要是一对一的师父带徒弟模式。

2．早期的职业教育

1809 年，美国人戴维德·克林顿（David Clinton）建立了第一所私人职业技术学校，使培训与开发进入学校阶段，预示培训进入专门化和正规化的阶段。

3．工厂学校的出现

新机器和新技术的广泛应用，使培训需求大幅度增加。1872 年，美国印刷机制造商 Hoe&Company 公司开办了第一个有文字记载的工厂学校，其要求工人短期内掌握特定工作所需要的技术。随后福特汽车公司等各个工厂都尝试自行建立培训机构，即工厂学校。

4．培训职业的创建与专业培训师的产生

20 世纪 30 年代，美国政府建立了行业内部培训服务机构来组织和协调培训计划的实施。20 世纪 50 年代，美国培训与发展协会（American Society for Training&Directors，ASTD）成立，为培训行业建立了标准，之后有了专业培训人员，培训成为一个职业。

5．人力资源开发领域的蓬勃发展

20 世纪六七十年代，培训的主要功能是辅导和咨询有关知识和技术、人际交往功能等方面的问题。随着企业商学院、企业大学的成立和成功运作，自 20 世纪 80 年代以来，培训成为企业组织变革、战略人力资源开发的重要组成部分。

二、培训与开发人员及其组织结构

人力资源开发人员的素质不仅关系其自身的发展，而且也关系着整个企业人力资源开发职能工作的质量。不同的企业人力资源开发部门的组织结构存在较大差异，因此有必要了解培训与开发人员及其组织结构。

（一）专业培训与开发人员和组织的诞生

1944 年成立的美国培训与发展协会（American Society for Training&Development，ASTD），是全球最大的培训与发展行业的专业协会，是非营利的专业组织，定期发表行业研究报告，颁发专业资格证书，举办年会以及各种培训活动等。

（二）培训与开发人员的资格认证

人力资源开发人员的认证可以分为社会统一资格认证体系和组织内部资格认证体系。近些年统一采用人力资源专业人员的资格证书，美国人力资源协会（The Society for Human Resource Management，SHRM）的注册高级人力资源师（SHRP）和人力资源师（HRP）。

（三）培训与开发的组织结构

企业规模、行业、发展阶段不同，培训与开发的组织结构也不同，主要模式有学院模式、客户模式、矩阵模式、企业大学模式、虚拟模式五种。

1. 学院模式

培训部门将由一名主管会同一组对特定课题或在特定的技术领域具有专业知识的专家来共同领导。

2. 客户模式

根据客户模式组建的培训部门，负责满足公司内某个职能部门的培训需求。

3. 矩阵模式

同时向培训部门经理和特定职能部门的经理汇报工作的一种模式。培训者具有培训专家和职能专家两个方面的职责。

4. 企业大学模式

客户群不仅包括雇员和经理，还包括公司外部的相关利益者，如社区大学、普通大学等。

5. 虚拟模式

利用电子网络和多媒体技术，具有即时性，没有场地限制的优点。

三、培训与开发在人力资源管理中的地位

随着信息技术、经济全球化的发展，受到终身学习、人力资源外包等因素的挑战，培训与开发在人力资源管理中的地位日益提升，对培训与开发人员提出了新的、更高的要求。同时，企业战略和内在管理机制不同，也要求提供相应的培训与开发支持。

（一）培训与开发是人力资源管理的基本内容

1. 培训与开发是人力资源管理的基本职能

人力资源管理的基本职能包括获取、开发、使用、保留与发展，现代培训与开发是充分发挥人力资源管理职能必不可少的部分。

2. 培训与开发是员工个人发展的客观要求

接受教育与培训是每个社会成员的权利，尤其是在知识经济时代，知识的提高及知识老化、更新速度的加快客观上要求员工必须不断接受教育和培训，无论从组织发展的角度，还是从员工个人发展的角度，员工必须获得足够的培训机会。

3. 培训与开发是国家和社会发展的客观需要

人力资源质量的提高对国家和社会经济的发展，以及国际竞争力的提升具有重要作用。世界各国都非常重视企业员工的培训问题，并制定了相关的法律和政策加以规范，并对企业的培训和开发工作给予相关的支持和帮助。

4. 培训与开发与人力资源管理其他功能模块的关系

培训、开发与人力资源管理各个方面都相互联系，尤其是人力资源规划、职位设计、绩效管理、甄选和配置等联系更为紧密。招聘甄选后便要进行新员工的入职培训，培训与开发是员工绩效改进的重要手段，职位分析是培训需求分析的基础，人力资源规划则确定培训与开发的阶段性与层次性。

（二）培训与开发在人力资源管理中的地位和作用的变迁

1. 员工培训与开发伴随着人力资源管理实践的产生而产生

培训与开发是人类社会生存与发展的重要手段。通过培训而获得的知识增长和技能优化有助于提高劳动生产率。科学管理之父泰勒（Taylor）的《科学管理原理》就包括了培训与选拔的内容（按标准化作业培训工作人员并选拔合格者）。

2. 现代培训与开发逐渐成为人力资源管理的核心内容

在全球化的背景下，培训已成为许多国际大企业大公司投资的重点。国外某企业每年用于职工培训的经费达数千亿美元，绝大多数企业为职工制订了培训计划。以满足高质量要求的工作挑战。同时，多元化带来的社会挑战、技术革新使员工的技能要求和工作角色发生变化，使得员工需要不断更新专业知识和技能。

3. 培训与开发是构建学习型组织的基础

随着传统资源的日益稀缺，知识经济的形成和迅速发展，21世纪最成功的企业是学习型组织。不论利润绝对数，还是销售利润率，学习型企业都比非学习型企业高出许多。培训与开发作为构建学习型组织的基础，具有重要的地位。

（三）战略性人力资源管理对培训的内在要求

战略性人力资源管理是指企业为实现目标所进行和所采取的一系列有计划、具有战略意义的人力资源部署和管理行为。

1. 成本领先战略

①持续的资本投资和良好的融资能力。

②工艺加工技能。

③对工人严格的监督。

④所设计的产品易于制造。

⑤低成本的分销系统。

2. 差异化战略

①强大的生产营销能力。

②产品加工。

③对创造性的鉴别能力。

④很强的基础研究能力。

⑤质量或技术上领先公司声誉。

⑥在产业中有悠久传统或从其他业务中得到独特技能组合。

⑦得到销售渠道的高度合作。

四、培训与开发的发展趋势

培训与开发规模日益壮大，培训与开发水平不断提高，培训与开发技术体系日益完善，培训开发理论体系逐渐形成，人力资源培训与开发领域呈现出以下几方面的发展趋势。

（一）培训与开发的目的：更注重团队精神

培训与开发的目的比以往更加广泛，除了新员工上岗引导、素质培训、技能培训、晋升培训、轮岗培训之外，培训开发更注重企业文化、团队精神、协作能力、沟通技巧等。这种更加广泛的培训开发目的，使每个企业的培训开发模式从根本上发生了变化。

（二）培训与开发的组织：转向虚拟化和更多采用新技术

虚拟培训与开发组织能达到传统培训组织所无法达到的目标。虚拟培训与开发组织是应用现代化的培训与开发工具和培训与开发手段，借助社会化的服务方式而达到培训与开发的目的。现代化的培训与开发工具及手段包括多媒体培训与开发、远程培训与开发、网络培训与开发、电视教学等。在虚拟培训与开发过程中，虚拟培训与开发组织更加注意以顾客为导向，凡是顾客需要的课程、知识、项目、内容，都能及时供给并更新原有的课程设计。虚拟培训与开发组织转向速度快，更新知识和更新课程有明显的战略倾向性。

（三）培训与开发效果：注重对培训与开发效果的评估和对培训与开发模式的再设计

控制反馈实验是检验培训开发效果的正规方法。组织一个专门的培训开发效果测量小组，对进行培训与开发前后的员工的能力进行测试，以了解培训与开发的直接效果。对培训与开发效果的评价，通常有四类基本要素。一是反应：评价受训者对培训开发计划的反应，对培训开发计划的认可度及感兴趣程度；二是知识：评价受训者是否按预期要求学到所学的知识、技能和能力。三是行为：评价受训者培训开发前后的行为变化。四是成效：评价受训者行为改变的结果，如顾客的投诉率是否减少，废品率是否降低，人员流动是否减少，业绩是否提高，管理是否更加有序，等等。

（四）培训与开发模式：更倾向于联合办学

培训与开发模式已不再是传统的企业自办培训与开发的模式，更多是企业与学校联合、学校与专门培训与开发机构联合、企业与中介机构联合或混合联合等方式。社会和政府也积极地参与培训与开发，如再就业工程，社区也在积极地参与组织与管理。政府的专门职能部门也与企业、学校挂钩，如人事部门组织关于人力资源管理的培训，妇联组织关于妇女理论与实践的培训与开发和婚姻、家庭、工作三重角色相互协调的培训与开发等。

五、培训与开发

培训与开发是一项系统的工作，一个有效的培训与开发体系可以运用各种培训方式和人力资源开发的技术、工具，把零散的培训资源有机地、系统地结合在一起，从而保证培训与开发工作能持续地、有计划地开展下去。

（一）培训与开发体系

1. 培训与开发体系的定义

培训与开发体系是指一切与培训与开发有关的因素有序地组合，是企业内部培训资源的有机组合，是企业对员工实施培训的一个平台，主要由培训制度体系、培训资源体系、培训运作体系组成。

2．培训与开发体系的建设与管理

（1）培训制度体系

培训制度是基础，包括培训计划、相关表单、工作流程、学员管理、讲师管理、权责分工、培训纪律、培训评估、培训档案管理制度等。建立培训体系首要工作就是建立培训制度、设计培训工作流程、制作相关的表单、制订培训计划。培训制度的作用在于规范公司的培训活动，作为保证培训工作顺利进行的制度依据。有效的培训制度应当建立在人力资源管理的基础上，与晋升考核等挂钩。

（2）培训资源体系

培训资源体系主要包括培训课程体系、培训资产维护、师资力量开发、培训费用预算等。

①培训课程体系：主要来源于岗位胜任模型，包括岗位式课程体系、通用类课程、专用类课程培训资源等。

②培训设施：培训必备工具（计算机、投影仪、话筒等）；培训辅助工具（摄影机、培训道具）；培训场地。

③培训教材：包括培训光碟、培训书籍、电子教材（软件）等。

④管理要求：定期检查、分类管理、过程记录、专人负责。

（3）培训运作体系

培训运作体系包括培训需求分析、培训计划制订、培训方案设计、培训课程开发、培训实施管控、培训效果评估。

（二）企业大学

1．企业大学的定义

企业大学又称公司大学，是指由企业出资，以企业高级管理人员、一流的商学院教授及专业培训师为师资，通过实战模拟、案例研讨、互动教学等实效性教育手段，培养企业内部中、高级管理人才和企业供销合作者，满足人们终身学习的一种新型教育、培训体系。

企业大学是比较完美的人力资源培训与开发体系，是有效的学习型组织实现手段，也是公司规模与实力的证明。早在 1927 年，通用汽车就创办了 GM 学院，通用电气 1956 年建立的克劳顿培训中心（现在称为领导力发展中心）标志着企业大学的正式诞生。

2. 企业大学的类型

（1）内向型企业大学

内向型企业大学是为构筑企业全员培训体系而设计的，学员主要由企业员工构成，不对外开放，如麦当劳大学、通用汽车的领导力发展中心等。

（2）外向型企业大学

外向型企业大学分为两类，一类是仅面向其供应链开放，将其供应商、分销商或客户纳入学员体系当中，主要目的是支持其业务发展，如爱立信学院；另一类是面向整个社会，主要目的是提升企业形象或实现经济效益，如惠普商学院。

3. 企业大学理论模型

（1）企业大学轮模型

企业大学轮模型整合了企业大学的流程、重要活动和相关任务，假设学习是产生在个体之内、个体与个体之间的活动和流程，试图把流程融入学术上的组织和学习理论，并把知识管理和学习型组织结合在同一个理论结构里。企业大学轮模型整合了作为理想企业大学的五种元素，这五种元素为支持企业目标的方式、网络和合作伙伴、知识系统和流程、人的流程，以及学习流程。

（2）企业大学创建轴承模型

在中国企业的企业大学创建研究和咨询中，南天竺公司搭建了"企业大学创建轴承模型"，概括出"1 结合，2 实体，3 体系，4 关键"的企业大学创建 1234 法，用简洁通俗的语言描述企业如何立足管理现状，有效地创建适合企业需要的企业大学。1 结合，指以企业战略为核心，适应环境变化；2 实体，指组建领导机构和执行部门；3 体系，指建立课程体系、师资体系、评估体系；4 关键，主要是财务规划、制度建设、需求分析、持续改善。

4. 西方企业大学成功的关键因素

①公司高层主管的参与和重视。

②将培训与发展目标和组织的战略性需求紧密结合。

③重视学习计划的绩效评估。

④根据企业内部和外部的学习需求，设计和实施具有针对性的核心课程。

⑤善于利用现代化的网络及数字工具，构建完善的学习环境。

⑥与其他企业和传统高校建立良好的合作关系。

第二节　培训需求分析

一、培训需求分析的含义与作用

（一）培训需求分析的含义

所谓培训需求分析，是指在规划与设计每项培训活动之前，由培训部门、主管负责人、培训工作人员等采用各种方法与技术，对参与培训的所有组织及其员工的培训目标、知识结构、技能状况等方面进行系统的鉴别与分析，以确定这些组织和员工是否需要培训及如何培训，弄清谁最需要培训、为什么要培训、培训什么等问题，并进行深入探索研究的过程。

（二）培训需求分析的作用

培训需求分析作为现代培训活动的首要环节，在培训中具有重大作用，具体表现如下。

1．充分认识现状与目的差距

培训需求分析的基本目标就是确认差距，即确认绩效的应有状况同现实状况之间的差距。绩效差距的确认一般包含三个环节：一是必须对所需要的知识、技能、能力进行分析，即理想的知识、技能、能力的标准或模式是什么；二是必须对现实实践中缺少的知识、技能、能力进行分析；三是必须对理想的或所需要的知识、技能、能力与现有的知识、技能、能力之间的差距进行分析。这三个环节应独立并有序地进行，以保证分析的有效性。

2. 促进人事管理工作和员工培训工作的有效结合

当需求分析考虑到培训和开发时，需求分析的另一个重要作用便是能促进人事分类系统向人事开发系统的转换。包括企业在内的一般组织之中，大部分有自己的人事分类系统。人事分类系统作为一个资料基地，在做出关于补偿金、员工福利、新员工录用、预算等的决策方面非常重要，但在工作人员开发计划、员工培训和解决实际工作中等方面的用处很小。

3. 提供解决工作中实际问题的方法

可供选择的方法可能是一些与培训无关的选择，如组织新设与撤销、某些岗位的人员变动、新员工吸收，或者是几个方法的综合。

4. 能够得出大量员工培训的相关成果

培训需求分析能够作为规划开发与评估的依据。一个好的需求分析能够得出一系列的研究成果，确立培训内容，指出最有效的培训战略，安排最有效的培训课程。同时，在培训之前，通过研究这些资料，建立起一个标准，然后用这个标准来评估培训项目的有效性。

5. 决定培训的价值和成本

如果进行了好的培训需求分析，并且找到了存在的问题，管理人员就能够把成本因素引入培训需求分析。这个时候，如果不进行培训的损失大于进行培训的成本，那么培训就是必要的、可行的。反之，如果不进行培训的损失小于培训的成本，则说明当前还不需要或不具备条件进行培训。

6. 能够获得各个方面的协助

工作人员对必要的工作程序的忽视，并不能排除组织对工作人员承担的责任。如果一个组织能够证明信息和技能被系统地传授，就可以避免或减少不利条件的制约。同时，高层管理部门在对规划投入时间和金钱之前，对一些支持性的资料很感兴趣。中层管理部门和受影响的工作人员通常支持建立在客观的需求分析基础之上的培训规划，因为他们参与了培训需求分析过程。无论是组织内部还是外部，需求分析提供了选择适当指导方法与执行策略的大量信息，这为获得各方面的支持提供了条件。

二、培训需求分析的内容

培训需求分析的内容主要有三个方面：培训需求的对象分析、培训需求的阶段分析、培训需求的层次分析。

（一）培训需求的对象分析

培训对象分为新员工培训和在职员工培训两类，所以培训需求的对象分析包括新员工培训需求分析和在职员工培训需求分析。

1. 新员工培训需求分析

新员工主要进行企业文化、制度、工作岗位的培训，通常使用任务分析法。新员工的培训需求主要产生于对企业文化、企业制度不了解而不能融入企业，或是对企业工作岗位不熟悉而不能胜任新工作。对于新员工培训需求分析，特别是对于企业低层次工作的新员工培训需求，通常使用任务分析法来确定其在工作中需要的各种技能。

2. 在职员工培训需求分析

在职员工主要进行新技术、技能的培训，通常使用绩效分析法。由于新技术在生产过程中的应用，在职员工的技能不能满足工作需要等而产生培训需求。

（二）培训需求的阶段分析

培训活动按阶段，可分为针对存在的问题和不足所进行的目前培训和针对未来发展需要所进行的未来培训。因此，培训需求的阶段分析包括目前培训需求分析和未来培训需求分析。

1. 目前培训需求分析

目前培训需求是针对企业目前存在的不足和问题而提出的培训需求，主要包括分析企业现阶段的生产经营目标、生产经营目标实现状况、未能实现的生产任务、企业运行中存在的问题等，找出这些问题产生的原因，并确认培训是解决问题的有效途径。

2. 未来培训需求分析

这类培训需求是为满足企业未来发展需要而提出的培训需求，主要包括预测企业未来工作变化、职工调动情况、新工作职位对员工的要求以及员工已具备的知识水平和尚欠缺的部分。

(三) 培训需求的层次分析

培训需求的层次分析从三个层次进行：战略层次、组织层次、员工个人层次。与此相对应，培训需求的层次分析可分为战略层次分析、组织层次分析和员工个人层次分析三种。

1. 培训需求的战略层次分析

战略层次分析要考虑各种可能改变组织优先权的因素，如引进一项新技术、出现了突发性的紧急任务、领导人的更换、产品结构的调整、产品市场的扩张、组织的分合以及财政的约束等；还要预测企业未来的人事变动和企业人才结构的发展趋势（如高中低各级人才的比例、老中青各年龄段领导的比例等），调查了解员工的工作态度和对企业的满意度，找出对培训不利的影响因素和可能对培训有利的辅助方法。

2. 培训需求的组织层次分析

组织层次分析主要分析的是企业的目标、资源、环境等因素，准确找出企业存在的问题，并确定培训是不是解决问题的最佳途径。组织层次的分析应首先将企业的长期目标和短期目标作为一个整体来考察，同时考察那些可能对企业目标发生影响的因素。因此，人力资源部必须弄清楚企业目标，才能在此基础上做出一份可行的培训规划。

3. 培训需求的员工个人层次分析

员工个人层次分析主要是确定员工目前的实际工作绩效与企业的员工绩效标准对员工技能要求之间是否存在差距，为将来培训效果的评估和新一轮培训需求的评估提供依据。对员工实际工作绩效的评估主要依据以下资料：员工业绩考核记录、员工技能测试成绩以及员工个人填写的培训需求调查问卷等资料。

三、培训需求分析的方法与程序

(一) 培训需求分析的方法

任何层次的培训需求分析都离不开一定的方法与技术。而这种方法与技术又是多种多样的。在此，从宏观的角度探讨三种方法：必要性分析方法、全面性分析方法、绩效差距分析方法。

1. 培训需求的必要性分析方法

（1）必要性分析方法的含义与内容

所谓必要性分析方法，是指通过收集并分析信息或资料，确定是否通过培训来解决组织存在的问题的方法，它包括一系列的具体方法和技术。

（2）九种基本的必要性分析方法与技术

①观察法。通过较长时间的反复观察，或通过多种角度、多个侧面对有典型意义的具体事件进行细致观察，进而得出结论。

②问卷法。其形式可能是对随机样本、分层样本或所有的"总体"进行调查或民意测验。可采用各种问卷形式，如开放式、投射式、强迫选择式、等级排列式等。

③关键人物访谈。通过对关键人物的访谈，如培训主管、行政主管、专家主管等，了解到所属工作人员的培训需要。

④文献调查。通过对专业期刊、具有立法作用的出版物等的分析、研究，获得调查资料。

⑤采访法。可以是正式的或非正式的、结构性的或非结构性的，可以用于一个特定的群体如行政机构、公司、董事会或者每个相关人员。

⑥小组讨论。像面对面的采访一样，可以集中于工作（角色）分析、群体问题分析、目标确定等方面。

⑦测验法。以功能为导向，可用于测试一个群体成员的技术知识熟练程度。

⑧记录报告法。可以包括组织的图表、计划性文件、政策手册、审计和预算报告；对比较麻烦的问题提供分析线索。

⑨工作样本法。采用书面形式，由顾问对已作假设并且相关的案例提供书面分析报告；可以是组织工作过程中的产物，如项目建议、市场分析、培训设计等。

2. 培训需求的全面性分析方法

全面性分析方法是指通过对组织及其成员进行全面、系统的调查，以确定理想状况与现有状况之间的差距，从而进一步确定是否进行培训及培训内容的一种方法。

（1）全面性分析方法的主要环节

由于工作分析耗费大量时间，且需要系统的方法，因而分析前制订详细的计划对于全面分析方法的成功实施非常重要。在计划阶段，一般包括计划范围的确定和咨询团体的任命两部分内容。

（2）研究阶段

工作分析的规范制定出以后，工作分析必须探究目标工作。首先检验的信息是工作描述。当研究阶段结束后，工作分析人员应该能从总体上描述一项工作。

（3）任务或技能目标阶段

这一阶段是工作分析的核心，有两种方法可以应用：一种是形成一个完全详细的任务目录清单，即每一项任务被分解成微小的分析单位；另一种方法是把工作仅剖析成一些任务，然后形成一个描述任务目录的技能目标。

（4）任务或技能分析阶段

工作任务的重要性是能够分析的维度或频率，频率即一定时间内从事一项任务的次数。其他维度包括所需要的熟练水平、严重性及责任感的强弱程度。熟练水平这一维度主要用来考查在不同的任务中是否需要高级、中级或低级的熟练水平。严重性这一维度主要考查何种任务如果执行得不适当、不合理将会产生灾难性后果。责任感的强弱程度这一维度主要用来考查在职工作人员在不同层次的监督下所表现出来的责任感的大小。

3. 培训需求分析的绩效差距分析方法

绩效差距分析方法也称问题分析法，它主要集中在问题而不是组织系统方面，其推动力在于解决问题而不是系统分析。绩效差距分析方法是一种广泛采用的、非常有效的需求分析法。绩效差距分析法的环节如下。

（1）发现问题阶段

发现并确认问题是绩效分析法的起点。问题是理想绩效和实际绩效之间差距的一个指标。其类型诸如生产力问题、士气问题、技术问题、资料或变革的需要问题等。

（2）预先分析阶段

此阶段也是由培训者进行直观判断的阶段。在这一阶段，要注意两个问题：一项是如果发现了系统的、复杂的问题，就要运用全面性分析方法；另一项是确定应用何种工作收集资料。

（3）资料收集阶段

收集资料的技术有多种，各种技术在使用时最好结合起来，经常采用的有扫描工具、分析工具等。

（4）需求分析阶段

需求分析涉及寻找绩效差距。传统上，这种分析考查实际个体绩效同工作说明之间的差距。然而，需求分析也考查未来组织需求和工作说明。既然如此，工作设计和培训就高度结合起来。可以把需求分析分为工作需求、个人需求和组织需求三个方面。

（5）需求分析结果

需求分析结果是通过一个新的或修正的培训规划解决问题，是全部需求分析的目标所在。对结果进行分析后，最终确定针对不同需求采取的不同培训方法及不同的培训内容。

（二）培训需求分析的程序

1. 做好培训前期的准备工作

培训活动开展之前，培训者就要有意识地收集有关员工的各种资料。这样不仅能在培训需求调查时方便调用，而且能够随时监控企业员工培训需求的变动情况，以便在恰当的时候向高层领导者请示开展培训。

（1）建立员工培训档案

培训部门应建立起员工的培训档案，培训档案应注重员工素质、员工工作变动情况以及培训历史等方面内容的记载。员工培训档案可参照员工人事档案、员工工作绩效记录表等方面的资料来建立。另外，培训者应密切关注员工的变化，随时向其档案里添加新的内容，以保证档案的及时更新和监控作用。

（2）同各部门人员保持密切联系

培训工作的性质决定了培训部门通过和其他部门之间保持更密切的合作联系，随时了解企业生产经营活动、人员配置变动、企业发展方向等方面的变动，使培训活动开展起来更能满足企业发展需要，更有效果培训部门工作人员要尽可能和其他部门人员建立起良好个人关系，为培训收集到更多、更真实的信息。

（3）向主管领导反映情况

培训部门应建立一种途径，满足员工随时反映个人培训需要的要求。可以采用设立专门信箱的方式，或者安排专门人员负责这一工作。培训部门了解到员工需要培训的要求后应立即向上级汇报，并汇报下一步的工作设想。如果这项要求是书面的，在与上级联系之后，最好也以书面形式作答。

（4）准备培训需求调查

培训者通过某种途径意识到有培训的必要时，在得到领导认可的情况下，就要开始需求调查的准备工作。

2. 制订培训需求调查计划

培训需求调查计划应包括以下几项内容。

（1）培训需求调查工作的行动计划

即安排活动中各项工作的时间进度以及各项工作中应注意的一些问题，这对调查工作的实施很有必要。特别是对于重要的、大规模的需求分析，有必要制订一个行动计划。

（2）确定培训需求调查工作的目标

培训需求调查工作应达到什么目标，一般来说完全出于某种培训的需要，但由于在培训需求调查中会有各种客观或主观的原因，培训需求调查的结果并不是完全可信的。所以，要尽量排除其他因素的影响，提高培训需求调查结果的可信度。

（3）选择合适的培训需求调查方法

应根据企业的实际情况以及培训中可利用的资源选择一种合适的培

训需求分析方法。如工作任务安排非常紧凑的企业员工不宜采用面谈法，专业技术性较强的员工一般不用观察法。

（4）确定培训需求调查的内容

确定培训需求调查内容的步骤如下：首先要分析这次培训调查应得到哪些资料，然后排除手中已有的资料，就是需要调查的内容。培训需求调查的内容不要过于宽泛，以免浪费时间和费用；对于某一项内容可以从多角度调查，以便取证。

3．实施培训需求调查工作

在制订了培训需求调查计划以后，就要按计划规定的行动依次开展工作。实施培训需求调查主要包括以下步骤。

（1）提出培训需求动议或愿望

由培训部门发出制订计划的通知，请各责任人针对相应岗位工作需要提出培训动议或愿望。培训需求动议应由理想需求与现实需求或预测需求与现实需求存在差距的部门和岗位提出。

（2）调查、申报、汇总需求动议

相关人员根据企业或部门的理想需求与现实需求或预测需求与现实需求的差距，调查、收集来源于不同部门和个人的各类需求信息，整理、汇总培训需求的动议和愿望，并报告企业培训组织管理部门或负责人。

（3）分析培训需求

申报的培训需求动议并不能直接作为培训的依据。因为培训需求常常是一个岗位或一个部门提出的，存在一定的片面性，所以对申报的培训需求进行分析，就是要消除培训需求动议的片面性，也就是说要全方位分析。

（4）汇总培训需求意见，确认培训需求

培训部门对汇总上来并加以确认的培训需求列出清单，参考有关部门的意见，根据重要程度和迫切程度排列培训需求，并依据所能收集到的培训资源制订初步的培训计划和预算方案。

4. 分析、输出培训需求结果

（1）对培训需求调查信息进行归类、整理

培训需求调查信息来源于不同的渠道，信息形式有所不同，因此，有必要对收集到的信息进行分类，并根据不同的培训调查内容进行信息的归档，同时要制作表格对信息进行统计，并利用直方图、分布曲线图等工具将信息所表现趋势和分布状况予以形象的处理。

（2）对培训需求分析、总结

对收集上来的调查资料进行仔细分析，从中找出培训需求。此时应注意个别需求和普遍需求、当前需求和未来需求之间关系。要结合业务发展的需要，根据培训任务重要程度和紧迫程度对各类需求进行排序。

（3）撰写培训需求分析报告

对所有的信息进行分类处理、分析总结以后，根据处理结果撰写培训需求分析报告，报告结论要以调查信息为依据，不能凭个人主观看法得出结论。

第四章 人力资源管理模型

第一节 胜任力与胜任力模型

一、胜任力的内涵及其作用

胜任力的概念及理论的应用经历了从内容分析到实际运用的发展过程。有关胜任力的研究最早可追溯到"科学管理之父"泰罗（Frederick Taylor）对"科学管理"的研究，即管理胜任力运动（Management Competency Movement）。泰罗认为管理学完全可以按照物理学的规律来进行科学研究，他将自己所进行的"时间—动作研究"看作对胜任力进行的分析和探索。但是胜任力概念的提出与研究在 20 世纪 90 年代才成为管理思想中的热点，这得益于美国哈佛大学教授麦克利兰（David C. McClelland）博士对于胜任力的研究。

胜任力一词源于英文单词"competency"，其意思是能力或技能。在学术研究与实践领域中，"胜任力"又被称为"能力""素质""资质""才干"等。下面将从学术、社会机构以及企业的观点入手来解析胜任力的内涵。

（一）学者的观点

1. 美国学者约翰·弗莱纳根（John Flanagan）于 1954 年创造了关键事件技术，并因此成为胜任力研究领域中核心方法的应用先导。他认为，工作分析的主要任务就是评价工作的关键要求。这种关键事件技术的主要内容包括：确定工作行为的目的、针对目的收集与该行为相关的关键事件、分析相关数据、描述这些行为需要的胜任力。关键事件方法也因此开创了测量人行为的新技术的先河。

2. 美国著名心理学家"胜任力研究之父"大卫·C. 麦克利兰（David C. McClelland）在 1973 年发表的文章"Testing for Competence Rather Than for 'Intelligence'"中提到：采用智力测验的方式预测未来工作的成败是不可靠的，智力测验的结果与工作的成功之间并没有太大的联系，它们之间的关系要视具体情况而定。他也因此倡导用胜任力模型设计取代智力测验作为预测未来工作绩效的方法，掀起了当时学术界关于胜任力研究的高潮。

20 世纪 70 年代早期，当时美国政府需要甄选情报信息官（Foreign Information Service Officers，FISOs），作为宣扬美国人文、社会等的代言人，以使更多的人支持美国的政策。当时的麦克利兰研究小组在弗莱纳根（Flynagen）的关键事件技术基础上开发并采用了行为事件访谈法（Behavioral Event Interview，BEls），试图研究影响情报信息官工作绩效的因素。最终，通过一系列总结与分析，麦克利兰得出作为杰出的情报信息官与一般胜任者在行为与思维方式上的差异，从而找出了情报信息官的胜任力。

麦克利兰还认为，工作绩效应该明确定义，成功与失败都不是绝对的，而是由多方面因素造成的。同时，麦克利兰更关注于研究那些工作成功的人的特征，而不仅仅是对工作任务本身感兴趣，这些观点都是对弗莱纳根观点的有益补充。

3. 美国学者莱尔·M. 斯潘塞博士（Lyle M. Spencer）和塞尼·M. 斯潘塞（Signe M. Spencer）在所著的《工作胜任力：高绩效模型》一书中指出，胜任力是在工作或特定情景中产生高效率或高绩效所必需的人的潜在特征，同时只有当这种特征能够在现实中带来可衡量的成果时，才能被称作胜任力。基于此，斯潘塞提出了胜任力的冰山模型，即胜任力主要包括 5 个方面：知识和技能、社会角色、自我形象、个性与动机。其中在"水面上"的知识与技能相对容易观察与评价，而在"水面下"的其他特征是看不到的，必须有具体的行动才能推测出来。

4. 英国学者理查德·J. 马洛比利（Richard J. Mirabile）认为，胜任力是与工作高绩效相联系的知识、技能、能力或特性。

（二）政府、协会等社会机构的观点

第一，20 世纪 70 年代，McBer&Company（即现在的合益公司）与美国（AMA）发起了第一次大规模的胜任力研究活动，主要集中在"什么样的胜任力是成功管理者所特有的"这一问题上。美国管理协会的研究涉及了 1800 位管理者在 5 年中的工作表现，通过比较分析，发现了产生优秀绩效的各种特性，进而对成功管理者所需要的工作胜任力进行了界定，即"在一项工作中，与达成优良绩效相关的知识、动机、特征、自我形象、社会角色与技能"。

第二，20 世纪 70 年代，美国政府在研究公务员录用的评估方法时发现，在人的"看得见"与"看不见"部分的交界处，有一种能够被明确定义、观察并测量的能力，它往往体现在那些能够持续取得高业绩的人的行为特征中，包括人的思维方式、行为特征、对工作的态度以及沟通能力等。

（三）以咨询公司为代表的企业观点

1. 合益集团（Hay Group）提出，胜任力是在既定的工作、任务、组织或文化中区分绩效水平的个人特征。胜任力决定了一个人能否胜任某项工作或者很好地完成某项任务，它是驱使一个人产生优秀表现的个人特征，因此每一个胜任力都与特定基础特征的"行为表现"相联系。2015 年 9 月 24 日，胜任素质模型咨询机构合益集团被光辉国际收购。这个新闻一度被公众解读为胜任素质模型时代的终结。实则不然，光辉国际注意到组织进行人才管理的需求量出现指数级增长，此次收购的真实目的是借合益集团之力，用其在胜任素质模型方面的优势，夯实其在人才管理咨询方面的基础。合益集团精于从过去行为事件中挖掘胜任素质，是指向过去的胜任素质模型；而光辉国际在人才测评开发视角下，建立的胜任素质模型，具有动态性、前瞻性，是未来取向的胜任素质模型，代表了胜任素质建模的发展方向。

2. 美世公司（Mercer Inc.）认为，胜任力就是那些优秀员工比普通员工表现更为一致的行为的集合。美世公司认为，考核胜任力比考核业绩更重要，影响人的胜任力的因素，包括自己、成果、战略、思考、信息与时间等。

3. 盖洛普公司（The Gallup Organization）结合其近几十年来科学、系统地研究选民、消费者与员工的意见、态度与行为的经验，运用成功心理学的理念与方法，提出在外部条件给定的前提下，一个人能否成功关键在于能否准确识别并全力发挥个人的天生优势，这种优势是由人的才干、技能与知识组成的，而核心是才干，即个人所展现的自发而持久的，并且能够产生效益的思维、感觉与行为模式。

可以看到，学者、社会机构以及企业对于胜任力的解释与定义已然形成了鲜明对比，虽然有所不同，但每一种观点对胜任力概念的发展与实践应用都起到了有益的作用。无论胜任力定义的形式如何多变，从本质上看，其内在原理与逻辑都是基本一致的。综上所述，可以把胜任力定义为：

胜任力是驱动员工产生优秀工作绩效的、可预测、可测量的各种个性特征的集合，是可以通过不同方式表现出来的知识、技能、个性与内驱力等。

胜任力是判断一个人能否胜任某项工作的起点，是决定并区别绩效好坏差异的个人特征。

需要注意的是，上述胜任力概念中有三个关键点：

第一，相关性。胜任力与工作绩效是相关的，也就是说凭借胜任力能够产生优秀的工作绩效。

第二，可预测。胜任力可以预测一个人能否胜任某项工作或能否取得好的工作绩效。

第三，可测量。胜任力是可以通过行为表现的各种特征的集合，因此可以用一些特定的标准来对胜任力进行测量。

二、胜任力的构成要素

对于胜任力的构成要素，许多学者与企业都有不同的见解，其主要有以下核心构成要素：动机、特质、自我形象与价值观、态度、知识、技能。下面简要介绍两种常见的结构模型，以更好地理解胜任力的构成要素。

(一) 胜任力冰山模型

该模型由美国学者莱尔·M. 斯潘塞博士提出，他认为胜任力由"水面上"和"水面下"两部分构成。其中在"水面上"的知识与技能相对容易观察与评价，而在"水面下"的潜在的其他特征，如社会角色、特质、动机等是看不到的，必须由具体的行动才能推测出来。

(二) 胜任力洋葱模型

该模型由美国学者理查德·博亚特兹（Richard Boyatzis）提出，他在对麦克利兰的胜任力理论进行深入和广泛的研究基础上提出了洋葱模型。他认为与胜任力冰山模型相似的是，胜任力洋葱模型由内至外说明了胜任力的各个构成要素逐渐可被观察与测量的特点。

1. 动机

动机是推动个人为达到一定目标而采取行动的内驱力。动机会推动并指导个人行为方式的选择朝着有利于目标实现的方向前进，并且防止偏离。例如，具有成就动机的人常常为自己设定一些具有挑战性的目标，并尽最大努力去实现它，同时积极听取反馈以便做得更好。

2. 特质

特质表现出来的是一个人对外部环境与各种信息等的反应方式与倾向。特质与动机可以预测一个人在长期无人监督情况下的工作状态。例如，反应敏锐与灵活性是一名飞行员应具备的基本特质。

3. 自我形象与价值观

自我形象是个人自我认知的结果，它是指个人对其自身的看法与评价。一个人对自我的评价主要是将自身与他人进行比较，而比较的标准即他们所持有的价值观。因此这种自我形象不仅仅是一种自我观念，也是在个人价值观范畴内对这种自我观念的解释与评价。

这种价值观既受到个人过去与现在观念的影响，也与其所处的生活、工作环境中他人的观念有一定关系。自我形象作为动机的反映，可以预测短期内有监督条件下一个人的行为方式。例如，自信意味着一个人坚信在任何情况下自己都可以应对各种事情，它是个人对自我形象认知的一部分。

4. 态度

态度是一个人的自我形象、价值观以及社会角色综合作用外化的结果，它会根据环境的变化而变化。在某种情况下，一个人可能会表现得很积极，但是在另一种情况下，此人又有可能变得很懒散。事实上，这种态度的变化本质上是个人动机、个性等相对持久稳定的因素与外部环境相互作用的结果。当作用力一致时，态度对于达成预定目标就是有利的，反之则为不利的。例如，尊敬师长是对学生的基本态度要求。

5. 知识

知识是指一个人在某一个特定领域所拥有的事实型与经验型信息。例如，操作工必须了解机器设备的运转知识与操作规程以及停机维修保养的时间与周期，这是对他的基本知识要求。

6. 技能

技能是指一个人结构化地运用知识完成某项具体工作的能力，即对某一个特定领域所需技术与知识的掌握情况。它重点强调的是对已有知识的灵活应用，而不是机械式的简单记忆，因此技能的运用一定要产生某个可测量的结果，这与胜任力本身的概念也是相一致的。例如，操作工能够在遵循操作规程的前提下提高单位劳动生产率，这是对他的基本技能要求。

（三）胜任力构成要素的特点

通过对胜任力冰山模型和胜任力洋葱模型的介绍，可以看出胜任力的构成要素有以下一些特点：

1. 知识、技能等显性要素的重要性较低，但容易得到提高

通过培训、工作轮换、调配晋升等多种人力资源管理手段与措施，使员工个人具备或提高知识与技能水平是相对容易且富有成效的。

2. 动机、价值观等隐性要素的重要性较高，但不易改善

相对于知识与技能，胜任力的构成要素中的潜在部分既难以改善也难以评价，因而也难以在未来进行培养与开发。

3. 各要素之间存在相互的内在驱动关系

各种要素之间，无论是显性要素还是隐性要素，都存在内在驱动关系，它们相互影响、相互作用，并不是独立存在的。一个人决定，要采取何种行动通常是动机、个性与自我形象、社会角色等各要素之间相互协调的结果。换言之，自我形象与社会角色会根据动机与个性来判断与识别什么才是恰当的行为，也会根据知识和技能水平来判断自己能够采取哪些行为，从而帮助一个人作出决定。事实上，自我形象与社会角色充当了动机、个性乃至知识、技能等与外部环境之间相互作用、相互影响的媒介与桥梁。

胜任力构成要素中的隐性要素决定了行为的方向、强度、持久性等，显性要素则制约了行为的具体内容和方式。所以，组织仅凭借知识与技能来甄选员工是远远不够的，还要测评动机、价值观等隐性部分，因为这一部分往往更重要、更不易改变。当然，不易改变并不意味着不能改变。胜任力构成要素之间存在相互作用关系，可以采取相应的培养与开发手段逐渐改变员工的胜任力。

三、胜任力管理的意义

（一）企业获得核心竞争优势的需要

核心竞争力又称核心（竞争）能力、核心竞争优势，是组织获取竞争优势、取胜于外部竞争对手的能力的集合。通常这种能力并不体现在表面上（如销售额、市场占有率等），也不仅仅是企业所拥有的内外部

资源（如资金、品牌等），而是体现在企业的系统能力上，这种系统能力持续地为客户提供比竞争对手更大的价值。

由于全球一体化的形成、知识经济时代的来临和科学技术的快速发展，企业率先进入某个朝阳行业等传统的获得竞争优势的方法已经失效，培育并完善系统能力成为企业获得持续竞争优势的唯一途径。这种系统能力不仅意味着市场开拓、技术创新以及财务获利等局部环节上的能力，还在于将上述能力通过流程、机制和制度等进行组合从而持续转化为组织能力。这种组织能力依赖于组织中的核心资源——人力资源，关键在于持续构建组织中人力资源所具备的核心专长与技能，从而为客户创造独特的价值。在这里，核心专长与技能的核心要义为"胜任力"，即组织中从事不同工作的员工所具备的动机、内驱力、个性与品质、自我形象、社会角色、价值观、态度以及知识与技能等。

这样一来，企业的核心竞争力、企业的核心能力、企业中员工的核心专长与技能以及员工胜任力之间就构建了联系，并清楚地描绘了这种联系。所以，如何通过胜任力管理保存和增强组织的核心竞争力、帮助组织实现战略目标是组织管理的重要内容。

（二）战略人力资源管理的需要

战略人力资源管理的最终目标是驱动企业核心能力的形成与保持，而企业核心能力的载体就是员工，它是员工能力在组织情境中的系统集成。战略人力资源管理的前提是分析组织的使命、愿景、战略目标以及确认组织的整体需求，其直接目标是确保员工获取、保持与组织核心竞争力相一致的胜任力，从而支持组织战略目标的实现。

通过胜任力管理，可为招聘提供标准和方法，保证具备组织所需胜任力的人才加入组织；为员工职位的调整（包括换岗、晋升、降级等）提供依据，实现胜任力与职位的匹配；为培训提供方向和途径，实现员工胜任力的有效提升；为绩效考核提供标准，实现员工胜任力、工作责任与工作绩效的对等；为员工个人职业生涯发展提供帮助，使员工明确能力发展通道、实现职业目标；为组织人力资源规划提供参照，实现人员数量与质量的规划、制度与流程的规划等，以满足组织对员工胜任力的需要。

（三）满足员工需求、激励员工实现绩效目标的需要

组织成员的需求总体上呈现多元化且层次不断上升。实际上，对胜任力构成要素中的动机、价值观等隐性部分的分析，就是对员工个人需求的更深层次分析。通过胜任力管理，了解员工需求特别是更高层次的需求、创造满足需求的条件、实现个人需求与组织需要的匹配，有助于在有效激励个人的同时实现组织目标。

绩效是行为结果的体现，而行为又受到个人动机、个性、自我形象、价值观、社会角色、态度以及知识与技能等胜任力的构成要素的直接影响。

比如一个成就动机很强的人，会积极主动、努力地把工作做到尽善尽美，而可能的绩效结果就是任务得到很好完成以及工作得以持续改进。

动机的重要性不言而喻，但动机不仅很难被观察到，更难以改变，那么企业究竟应该如何有效地激发员工的成就动机呢？通过胜任力管理，不仅能确认员工的动机，而且能通过创造一定的环境和条件塑造或激发员工的动机（比如，学习成功组织的标杆人物的事迹，让员工看到在组织中成功的途径和可能），从而有效激励员工不断实现高绩效。

总之，无论是从组织战略的角度，还是从全面绩效考核和深层次认识员工的角度出发，都要求开展胜任力分析。对胜任力的研究是整个人力资源管理系统的一项基础性工作。

四、胜任力模型

（一）胜任力模型的定义

胜任力模型（Competency Model）就是为了完成某项工作，达成某一绩效目标，要求任职者具备的一系列不同胜任力的组合。这些胜任

力与工作绩效密切相关，包括"完成工作需要的关键知识、技能与个性特征以及对于取得工作高绩效与获得工作成功具有最直接影响的行为"。

从上述定义中可以看出：首先，胜任力模型是胜任力的组合，胜任力有不同的类别和等级，所以胜任力模型一定涉及胜任力的类别和等级；其次，胜任力是针对特定的工作与职位及相应的绩效而言的，所以胜任力的类别要与工作和职位匹配，既要包括必要的胜任力，也要排斥多余的胜任力；最后，要与绩效匹配，同一职位和工作有不同的绩效要求，要有相应的胜任力等级。所以企业内特定工作职位的员工胜任力模型通常可以体现为一系列不同级别的不同胜任力的组合，但类别不是越多越好，级别也不是越高越好。

（二）胜任力的分类

胜任力分类是根据企业所需核心专长和技能（即核心能力）的结构确定员工胜任力的结构。对胜任力进行分类是构建胜任力模型的基础。按照胜任力的要素构成不同，可以把胜任力分为隐性胜任力和显性胜任力。根据企业的实践经验，可按照企业所需的核心专长与技能，将员工胜任力分为通用胜任力、可迁移胜任力、专业胜任力、职位胜任力和团队结构胜任力五类。

1．通用胜任力

通用胜任力主要是指所有组织成员都应当具备的基本胜任力和行为要素，即那些与企业所处行业、企业文化、企业核心价值观和企业战略等相配的胜任力。例如，IBM 公司的核心价值观是服务，则员工的服务意识是该公司的一项通用胜任力。通用胜任力的获取方法通常以"战略与企业文化演绎"为主，辅以"关键职能与核心流程分析""优秀员工行为事件访谈"和"标杆机构胜任力模型研究"等方法。该胜任力主要用于人员的招聘录用与甄选。

2．可迁移胜任力

可迁移胜任力是指在不同专业类别中都应当具备的胜任力，主要是指领导力和管理胜任力及行为要素，表现为有效发挥决策、组织、领导、控制和创新等管理职能，最大限度地开发与利用人力资源，建立高绩效的工作团队等。可迁移胜任力的获取方法以"优秀领导行为事件访谈"为主，辅以"战略与企业文化演绎"以及"标杆机构胜任力模型研究"等方法。该胜任力主要用于领导者能力发展计划与领导团队建设。

3. 专业胜任力

专业胜任力是指员工为完成某一类专业业务活动所必须具备的能力与行为要素。这一类胜任力与工作领域直接相关，通常只要求特定类别职位的任职者具备，或对特定职位任职者有较高要求，这些职位类别包括技术研发类、专业管理类、操作类和营销类等。例如，技术研发类职位要求的专业胜任力主要包括创新意识、逻辑思维能力和团队合作等，营销类职位要求的专业胜任力主要包括服务意识、沟通能力和管理能力等。专业胜任力的获取方法以"关键职能与核心流程分析"为主，辅以"优秀员工行为事件访谈""战略与企业文化演绎"以及"标杆机构胜任力模型研究"等方法。该胜任力主要用于员工的职业化推进与职业发展。

4. 职位胜任力

职位胜任力是指员工胜任某一特定职位活动所必须具备的能力与行为要素。它与所从事的具体工作相联系，是在专业胜任力的基础上，体现某职类、职种中具体职位特点的胜任力，更多地强调基于职位要求的胜任力要素的结构化匹配。职位胜任力的获取方法以"优秀员工行为事件访谈"为主，辅以"关键职位职责分析"和"标杆机构胜任力模型研究"等方法。该胜任力适合于那些职位相对固定的流程型组织，主要用于人岗的有效配置。

5. 团队结构胜任力

团队结构胜任力是指团队成员之间基于合作的前提，需要具备不同质的胜任力。它与所在团队的职能与任务直接联系，是面向跨职能、跨部门团队的一群人基于某个特定时期的特殊任务所要求的胜任力。团队结构胜任力的获取方法以"团队职能任务分析"为主，辅以"团队员工行为事件访谈""战略与企业文化演绎"以及"标杆机构胜任力模型研究"等方法。该胜任力适合于那些职位不固定、强调角色与团队协作及任务执行的网络型组织，如项目组和任务组等。

当然，胜任力的这种分类不是绝对的，在一些企业中某些胜任力既可以划为通用胜任力，也可以划为可迁移胜任力或专业胜任力。在具体划分时，一方面要考虑这些胜任力的普遍性；另一方面要考虑其特殊性。比如学习能力，对于一个高度依赖创新的公司应当划为通用胜任力，但它也可以划为专业胜任力，这样则表明学习能力对专业职位而言非常重要，相对于通用胜任力其对学习能力有更高和更特殊的要求。

在胜任力管理中必须关注各类别员工胜任力的均衡发展，既要保证各类别员工能力的不断提升，以满足实现企业战略的要求；也要强调各类别员工在能力结构方面的有效匹配与协同。唯有如此，企业才能获得持续的发展能力。

五、胜任力模型的描述——胜任力词典

（一）胜任力词典概述

1. 胜任力词典的起源

自 1989 年起，美国心理学家麦克利兰（McLeland）开始对 200 多项工作所涉及的胜任力进行研究（通过观察从事某工作的绩优人员的行为及其结果，发掘导致绩优的明显特征），经过逐步完善与发展，总共提炼并形成了 21 个通用胜任力要项，构成了胜任力词典（Competency Dictionary）的基本内容。这 21 个胜任力要项主要概括了任职者在日常工作与行为中，特别是处理某些关键事件时所表现出来的动机、个性特征、自我认知与技能等特点。作为基本构成单元与衡量标尺，这些胜任力要项的组合就构成了企业内特定职位任职者的胜任力模型。

2. 胜任力词典的发展与完善

继麦克利兰对胜任力进行研究与分析之后，企业界与学术界都在各自实践与研究的基础上，纷纷丰富、细化或发展新的胜任力词典。这些

胜任力大多是在经过大量绩优工作者的验证，以及多种经验式胜任力模型确认的基础上提炼并总结出来的，具有广泛的实用性。尤其是在胜任力模型级别的界定方面，进一步发展了麦克利兰小组对 21 个胜任力要项的研究，使之更清晰、有效。

事实上，正如胜任力模型要与企业核心能力对应并匹配一样，胜任力词典对于一个处于不确定性环境中的企业而言，也处于不断更新、提炼、添加与剔除的动态过程中。胜任力词典符合企业培育核心竞争力的要求，在创建符合企业个性化需求的胜任力模型方面发挥了标尺作用。

3．胜任力词典的编制原理

无论企业与学者怎样丰富或细化胜任力词典，词典本身的生成原理总是不变的，其落脚点始终在于根据我们赋予胜任力的某种普遍意义，挖掘并提炼导致任职者取得高绩效的某些特征的集合。

以胜任力词典的编制为例，麦克利兰及其研究小组首先根据对 200多人在工作中的行为及其结果观察到的信息，建立了一个 286 类不同领域的相同工作所需胜任力的数据库，其中包括政府部门、教育机构、医院、企业和军队等组织所需的企业家、领导人、市场类和技术类人员的胜任力。随后，麦克利兰等人针对该数据库归纳了大约 760 种行为特征。其中，与 360 种行为特征相关的 21 个胜任力要项能够解释每个领域工作中 80％以上的行为及其结果，而其余的 400 种行为特征对应的是一些不太常见的胜任力要项。因此，这 21 个胜任力要项便构成了胜任力词典的基本内容，并且每个要项都会由对应的各种行为特征来加以阐释。

胜任力词典的意义在于它可以解释胜任力对于同类工作的不同绩效结果——无论地域、文化、环境和条件的差异如何——所产生的影响相似。也就是说，从事同类工作的绩优人员所具备的胜任力及其内涵在全世界范围内并没有太大的本质上的差异。

在实际编制与运用胜任力词典的过程中，这 21 个胜任力要项的具体含义与相应级别的定义都经过了严格的专业标准测试以及企业组织中不同层级、类别人员的实践与评估，根据企业组织所处行业的特点以及自身特性，通过对胜任力的不断修订、增删与重新组合，最终形成了符合行业与企业组织个性需要的胜任力词典。

（二）胜任力词典的结构与内容

麦克利兰把 21 个胜任力要项划分为 6 个基本的胜任力要项族，包括目标与行动族、影响力族、帮助与服务族、管理族、认知族、自我概念族。每一个具体的胜任力要项都有一个具体的释义与至少 1～5 级的分级说明，并附以典型的行为表现或示例，从而形成完整的胜任力词典。

胜任力的等级通过以下三个维度来区分。

1. 行为的强度与完整性

该维度展现该胜任力对于驱动绩效目标实现的强度，以及为实现目标而采取行为的完整性，在胜任力词典中通常记为"A"。

2. 影响范围的大小

该维度表示该胜任力影响的人、事及规范。比如"影响力"这一胜任力可能会涉及一个普通员工，也可能影响数万人（包括许多高层人物）；可能影响每个人某项任务的完成，也可能影响公司的战略；可能影响一个班组，也可能影响数家公司。影响力的大小在胜任力词典中通常记为"B"。

3. 主动程度

该维度表示行动的复杂程度与行为人主观的努力程度，即为达到某一目标而花费的人力、物力、信息与资源以及投入额外的精力或时间等，在胜任力词典中通常记为"C"。

在每一个胜任力要项中，这三个维度都有不同的等级以及相应的说明，用以区分与解释因胜任力的级别差异而导致的不同行为及其不同结果。对于某些胜任力要项而言，还设定了负值（-1），表示那些通常会出现在绩效一般人员身上，而很少出现在绩优人员身上的行为，并说明这些行为对于产生高绩效的不利影响。

目标与行动族的胜任力主要是针对如何完成任务、达成目标而言的，反映的是一个人对设定目标与采取驱动目标实现的行动的取向。这个族的胜任力通常不会直接涉及与他人之间的联系，但事实上，无论是提高生产率还是改进工作绩效，都会影响他人的能力（IMP），甚至包括为驱动目标的达成而运用的信息收集能力（INF）等。

成就导向表明一个人始终渴望有所建树，通过不断给自己设定新的或更高、更多的目标而获得某种满足。这种对成就的不懈追求能够给人以动力，使人长时间地工作而不知疲倦，并不失时机地催人奋起，迎接新的、更富挑战性的任务。

成就导向旨在促进更好地完成工作或达到优秀水平的绩效标准。这个绩效标准可能是个人过去的业绩（以便努力改进），可能是一种客观的衡量标准（只论结果），可能是比他人做得更好的业绩（体现竞争性），也可能是自己设定的有挑战性的目标，甚至可能是任何人从未做过的事（体现创新性）。

不同胜任力等级是三个维度不同级别的组合，但在实践中通常以某一个维度为主导，将其他维度作为辅助与参照。例如，描述成就导向胜任力时，一般员工与绩优员工的核心差异主要源自维度，即行动的强度和完整性。

（三）胜任力词典在构建胜任力模型中的应用示例

下面以麦克利兰的胜任力词典对管理类通用胜任力模型中的几个关键胜任力要项的分析和应用为例，进行详细说明。这里的"通用"是针对不同行业、地域、文化背景以及组织而言的，旨在说明进入某职业或工作领域的胜任力要求。

1. 影响力

优秀的管理者通常都擅长运用良好的个人及社会影响力，树立个人在组织中的权威。这种影响力主要表现在：致力于与上级、同事、下属甚至客户建立信任关系，并留下良好的具体印象；采用各种方式（包括说服，运用事例、资料等）对他人施加影响。优秀的管理者一般都拥有一些独特的说服技巧，不会生硬地运用职权把自己的观点强加给他人，在实施影响力的过程中会根据具体的听众调整说话的内容与风格，从而使他人更易于理解并接受。

2. 成就导向

对管理人员来说，成就导向意味着为自己及所管理的组织设立目标，提高工作绩效的动机与愿望。由于管理者的工作常常会影响到他人的绩效，因此其成就导向超越了个人层面而上升到组织层面，具体表现为：管理者需要不时评估下属的工作绩效，并在合适的时间给予下属最直接与正向的激励与赞扬，从而使下属能够在未来的工作中更加努力与投入。与此同时，管理者还要将成就导向转化成为员工设定具体且富有挑战性的目标，从而最大限度地开发下属的潜能，为组织获得最大化的收益。

3. 培养人才

作为企业战略的实施者，管理者需要具备的关键胜任力之一就是培养人才。即对下属提供建设性的反馈意见，在下属遇到困难后给予安慰与鼓励；通过各种指导、建议或对某个职位的工作给予支持等方式培养下属；等等。

4. 自信

优秀的管理者必须对自身能力表现出自信，同时乐意接受各种具有挑战性的工作；在必要时能够向上级提出疑问或挑战其行为。对于某些优秀的管理者而言，还应表现出某种应对失败的胜任力，如个人主动对失败或问题承担责任等。

5. 团队合作

优秀的管理者通常都很注重给他人以信任与认可，特别是会就一些与他人有关并会产生影响的事务共同商议与处理。他们都非常注重提高团队士气，崇尚合作精神。

第二节　胜任力模型建立的流程、技术与方法

一、胜任力模型建立的流程

构建胜任力模型的流程主要依据胜任力的核心内容来界定，不同的胜任力模型的构建流程和方法有所不同。如领导力胜任力模型、专业胜任力模型和通用胜任力模型的构建程序各有特点。但一般来讲，胜任力模型的构建要经过以下流程：准备、研究与开发、评估与确认以及模型的应用四个阶段。下面主要介绍前三个阶段。

（一）准备阶段

首先，成立相关组织机构。构建胜任力模型要有组织保障，比如项目组。通常，项目组要有领导（特别是一把手）、专家、人力资源部门职能人员、业务经理与员工代表等参加，要有项目总监、项目经理与项目组操作人员等具体负责人员，并确定各自的责任与任务。项目组要明确项目的目标、内容、时间、经费预算、标志性成果、结果应用以及配套的机制与制度。

其次，明确企业战略。胜任力模型必定源自企业的战略，企业战略既是构建胜任力模型的依据，也是构建胜任力模型的目标，即有效实施企业战略，因此明确企业战略对于构建胜任力模型至关重要。

最后，分析目标职位。目标职位是指由那些对公司业务的成败具有核心作用的人掌握的，承担实施战略的主要责任，控制关键资源（人、资金、技术、市场、客户、知识与信息），可以产生价值增值的职位。

（二）研究与开发阶段

研究与开发阶段通常包括以下几个步骤：

1. 选定研究职位

由于构建胜任力模型是一项花费大量时间、人员、精力并且技术性

很强的工作，因此，明确目标职位一方面可以节约企业资源，另一方面可以抓住重点、提高工作成效。选定研究职位的途径包括分析公司战略、理清重要业务流程、分析组织结构和高层访谈等。

2．明确绩优标准

针对选定的研究职位而言，明确绩优标准就是要制定一些客观明确的标准与规则来确定与衡量绩效，从而为该职位所需胜任力的研究提供基础。企业中有些职位的绩效容易衡量，比如销售人员的销售额，但是对于难以量化绩效标准的职位而言，除了要评价工作结果，还要考虑工作过程和工作情境，其绩效标准还应当由该职位的上级、同级及其他相关人员共同参与来界定。

3．挑选研究样本

根据绩优标准考核员工，并根据考核结果把员工分成两组：一组为具备胜任力但业绩不够突出的一般人员，在其中选择 2～3 名作为研究样本；另一组为绩优人员，在其中选择 3～6 名作为研究样本。

4．任务要项分析

依据工作分析的方法，将目标职位的绩优标准分解细化为一些具体的任务要项，以发现并归纳驱动任职者产生高绩效的行为特征。

5．行为事件访谈

行为事件访谈是对同一职位的优秀任职者和一般任职者分两组进行结构化访谈，通过对比分析访谈结果，发现那些能够导致两组人员绩效差异的关键行为特征，继而演绎为特定职位任职者所必须具备的胜任力特征。

行为事件访谈的主要内容是该职位的任务要项，特别是任职者在重大问题上遇到的若干（通常为 2～3 个）成功的和失败的典型事件或案例。通过了解他们在事件中的角色与表现以及事件的最终结果等，总结并归纳被访对象的思想、情感与行为，继而衡量、评价其能力水平，了解并发掘其动机、个性以及自我认知能力等决定人的行为的胜任力特征，最后通过归并组合，形成该职位的胜任力模型。

6. 信息分析与胜任力模型的形成

将通过行为事件访谈获得的信息与资料进行归类，找出并重点分析对个人关键行为、思想和感受有显著影响的过程片段，发现绩优人员与绩效一般人员处理片段时的反应与行为之间的差异，包括关注的话题、待人接物的方式、思维及技能、情绪控制能力、关注行为的结果、气质与个性等其他特征。

识别导致关键行为及其结果的、具有区分性的胜任力特征，提炼并确认胜任力内容并对其进行层次级别的划分。基本流程如下所示：

（1）信息分析

已经编制了胜任力词典或准备参照相关胜任力词典的企业，可以根据胜任力词典中关于特定胜任力的解释，来确定胜任力的类别及层级。没有编制胜任力词典或不准备参照其他胜任力词典的企业，则需要采用统一的语言（包括用词、语式、语气等）完成胜任力的概念化。

（2）胜任力统计分析

采取统计分析等方法，对初步归纳的所有胜任力要项进行论证与筛选，确认胜任力要项能否将绩优人员与一般人员区分开来。同时汇总访谈资料，进一步提炼胜任力要项及其定义和分类。

（3）初步形成目标职位的胜任力模型

胜任力模型包含特定的胜任力要项、每个胜任力要项的定义、级别划分以及各个等级行为特点的描述，并附详细解释和取自关键事件访谈资料的示例。

（三）评估与确认阶段

胜任力模型评估的对象可以是企业内部其他职位和人员，也可以是其他企业的职位和人员；评估的方式可以是直接评估，也可以与企业其他管理措施及手段相结合，从而为胜任力模型的应用创造良好的条件。胜任力模型评估的常用方法主要包括以下四种：

1. 讨论评估

通过与相应职位的任职者及其上级进行讨论，确认胜任力模型中的胜任力要项是否为驱动任职者达成高绩效的关键因素、胜任力要项的界定与划分是否准确、是否还有其他胜任力要项被遗漏等。这种方式的好处是让职位相关人员都了解胜任力模型，使其更具操作性；绩效一般的员工通过参与讨论，可以强化其对企业要求达到的胜任力的认识，从而通过提高自身胜任力并改变行为方式来实现个人工作绩效的持续改进。

2．实验评估

重新选取另一组绩优人员与绩效一般人员作为样本，检验胜任力模型对其行为差异以及未来绩效的预期。

3．培训评估

将胜任力模型与企业的培训职能乃至其他管理职能相结合，预测以胜任力模型为基础开展的人力资源开发活动能否帮助员工产生高绩效。

4．标杆评估

选取标杆企业的对应职位及人员作为样本，检验胜任力模型对其行为差异以及未来绩效的预期。

由于胜任力模型的开发本身是一个不断证伪、不断完善的过程，因此评估与确认阶段是必不可少的环节。评估的对象不仅要扩展到企业内部更多的职位与更多的人员，同时还要考虑将企业的其他管理措施与手段嫁接进来，从而为胜任力模型的应用营造良好的氛围与条件。对于那些比较成熟的行业（如金融、电信、汽车等），企业还可以选取所在行业的标杆企业的某些职位，在信息完备的前提下对胜任力模型进行标杆检验，从而使其对企业构建核心竞争优势更具现实指导意义。

在胜任力模型的框架形成之后，还要通过管理实践对胜任力模型进行评估与确认。

二、建立胜任力模型的操作技术与方法

构建胜任力模型的方法主要有：战略演绎法、行业标杆法、行为事件访谈法和主题分析法。

（一）战略演绎法

战略演绎法是根据组织战略分析组织核心能力，进而确定员工胜任力的方法。组织战略是未来长期的目标，组织核心能力大多是目前不具备而未来需要的能力，只能通过现有的组织战略演绎来实现，因此战略演绎法是构建胜任力模型的首要方法。在胜任力模型初步完成后，组织的战略是检验胜任力模型的重要标准。这不但决定了所构建的胜任力模型是否与公司未来的发展一致，而且决定了胜任力模型能否在未来的工作中顺利执行下去。

组织发展战略决定了组织未来的发展方向和中长期目标，为胜任力模型的建立明确了重点、指明了方向，并为提炼各职位的胜任力提供了依据。同时，构建胜任力模型的目的就是保证组织战略的有效实现。

（二）行业标杆法

行业标杆法就是根据行业关键成功要素来构建胜任力模型。简单来说，就是收集并分析研究国内外其他同行或同一发展阶段的类似公司的胜任力模型，通过小组讨论或者研讨会的方式，从中挑选适用于本组织的胜任力要项，形成胜任力模型。通过这种方法构建的胜任力模型具有广泛的实用性，参考价值高，而且因为所有胜任力要项都经过分析、比较和研究，相对成熟，可操作性强。但是这种方法也有不足，即所构建的胜任力模型与其他公司的共性过多，缺乏自己的特性和适应性。因此，通过这种方法构建胜任力模型，应当基于组织的实际数据，这样才能提高胜任力模型的有效性和适用性。

（三）行为事件访谈法

1. 行为事件访谈法的内涵及其优缺点

行为事件访谈法，又称关键事件访谈法（Behavioral Event Interview，BEI），是由麦克利兰教授开发的，通过对绩优员工以及一般员工的访谈，获取与高绩效相关的胜任力信息的一种方法。

"行为事件"的意义在于通过被访者对其职业生涯中某些关键事件的详尽描述，揭示与挖掘当事人的胜任力，特别是隐藏在水面下的潜能部分，用以对当事人未来的行为及其绩效产生预期，并发挥指导作用。被访者对于关键事件的描述必须至少包括以下内容：这项工作是什么？谁参与了这项工作？被访者是如何做的？为什么？这样做的结果如何？

行为事件访谈与传统意义上的访谈以及基于工作分析的访谈有本质或核心的差别。传统意义上的访谈存在导向性以及被访者自我认知的偏差，结论通常无法解释谁能把工作做好。基于工作分析的访谈所涉及的关键事件是为描述工作本身服务的，目的是了解并梳理有关工作的信息。关键事件访谈注重对人的胜任力的挖掘，以便在绩效与影响绩效的胜任力要项之间建立某种联系。

BEI法的优点主要表现在以下五个方面：

（1）价值性

BEI法观察识别员工胜任力的能力以及效度优于其他资料收集方法，或者说，BEI法在发现员工胜任力方面具有极高的价值。

（2）有效性

BEI法不仅描述了行为的结果，而且说明了产生行为的动机、个性特征、自我认知、态度等潜在的特征，因此采用BEI法解释胜任力与行为的驱动关系非常有效。

（3）指导性

BEI法可以准确详细地反映被访者处理具体工作任务与问题的过程，告诉人们应该做什么和不应该做什么，哪些工作行为是有效的以及哪些是无效的，因此对于如何实现与获得高绩效具有指引作用。

（4）参考性

BEI法可以提供与工作有关的具体事件全貌，这些实际上都可以发展成为企业实施招聘面试、模拟培训的有效工具与角色扮演蓝本，特别是绩优员工提供的关于具体事件的描述，可以成为员工可参照的职业发展路径，并用以总结绩优员工在何时何地、采用什么方法获得目前及未来工作的关键能力。

（5）可以深度挖掘被访者的胜任力

由于大多数人并不清楚自己的胜任力，甚至不清楚自己对于工作的真正好恶，并且不倾向于显露自己真正的动机与能力，而是受到企业有意无意的"引导"，因此多数人会按照社会普遍认同的答案或他们认为访谈者期望的答案来回答，造成信息失真，BEI法恰恰可以解决上述问题。

BEI法的缺点主要表现在以下四个方面：

①花费时间较长。一次有效的BEI访谈需要花费1.5～2小时，另外需要几小时的准备与分析时间。

②专业性强。访谈人员必须经过相关的专业培训，必要时应在专家指导下通过访谈获得有价值的信息，而培养一名合格的BEI访谈人员需要大量的前期投入。

③信息不完善。BEI法通常集中于具有决定意义的关键事件及个人胜任力，所以可能会失去或偏废一些不太重要但仍与工作有关的信息与特征。

④范围受限。受时间、成本及必要的专家支持等限制，BEI法无法大规模采用，只限应用于小范围职位。

2. 实施行为事件访谈法的步骤

访谈前需要做好充分的准备，包括借助工作分析与职位说明书等手段与工具，了解被访者的背景情况，包括姓名、职务以及机构状况；准备访谈提纲，安排地点并配置相关的录音设备等。通常，访谈者不必了解被访者绩效水平的高低，以避免在访谈中及得出相关结论时受到影响。

行为事件访谈法包括以下五个步骤。

(1) 介绍说明访谈内容

其目的在于使访谈者与被访者之间建立相互信任及友好的关系，从而使整个访谈过程轻松愉快，保证信息的全面真实。特别要向被访者强调访谈的目的与形式、访谈信息的用途、使用者以及保密承诺等。该步骤的访谈内容主要集中于被访者的工作经历方面，重点通常放在目前的工作上，以探求被访者个人职业生涯目标以及在进行职业选择时具体行为方面的信息等。

（2）梳理工作职责

了解被访职位的实际工作内容，包括关键的工作行为及与其他职位的工作关系等，可以参照该职位的说明书获得相关信息。该步骤可以引导被访者集中、清楚地描述一些具体的事例，但是在涉及某些专业术语时，要避免陷于对任务或职责的无主次的罗列当中。

（3）进行行为事件访谈

BEI 法的核心目的是了解被访者对关键事件全面详尽的描述，事件的数量以 4～6 个为宜。该步骤在整个访谈中用时最长，需要整理与分析的内容也最多。

在这一步骤中，访谈者需要注意以下四个方面。

①要求被访者描述事件的来龙去脉，并且是实际上做了什么，而不是假设性回答或者纯粹的想法；关注谁做了什么，而不是"我们""他们"做了什么；可以用过去时态发问；要密切关注被访者的情绪波动，与对方形成良好的情感互动。

②避免被访者做出抽象的回答（包括假设性的回答、抽象的哲理思考、倾向性的结论等）；除非遇到对方情绪波动的情况，否则不要替被访者回答问题或进行解释性、引导性的补充说明；不要问限制性问题；行为事件涉及的范畴要大，因为不同的人对行为事件的选择与理解是不同的。

③当被访者列举不出具体事件时，访谈者可以列举自己亲身经历的事例或其他被访者列举过的成功事例来感染并引导对方；当被访者对所列举事件心存芥蒂时，要尊重其想法并消除其疑虑；要将注意力集中在事件而不是相关的人上；不要让访谈的话题偏离，及时纠正"跑题"现象。

④访谈者在访谈过程中应该时常提出一些问题，来不断验证对被访者胜任力的判断。如果被访者在几个事件中都涉及相同或相似的经历与问题，访谈者应特别关注此经历中被访者的感受或观点及其待人接物的方式。

（4）提炼与描述工作所需的胜任力要项

这一步骤主要有两个目的：一是对之前的关键事件进行补充，获得一些与胜任力相关的其他关键事件的信息，避免疏漏；二是通过直接询问被访者本人对从事工作所需胜任力的理解与认识，使其因为受到尊重而感到自信。

（5）整理与分析访谈资料

访谈结束时，首先要感谢被访者花费时间提供了有价值的信息，并表示认同。接下来，要立刻汇总访谈资料，记录整个访谈内容，并通过回放录音获得新的线索，包括对被访者个性的简要描述，对尚不十分清楚的问题以及尚无法确定的工作中必备的胜任力要项等做出说明，以便在之后的访谈中进一步调查与确认。通常需要整理的资料包括以下四种。

①职位及工作职责描述：包括被访者的姓名、职务等。以提纲形式列出工作职责，并附上各项职责的实例。所有内容均使用第一人称，就像被访者自己在叙述一样，尽可能使用被访者的语言。

②行为事件描述：总结访谈记录及录音中被访者在各种典型情境中的行为及其结果、人际关系的处理、动机与感受等。

③任职者的胜任力：以提纲形式列出任职者应具备的胜任力要项，并附上各胜任力要项的实例，尽可能使用被访者的语言，特别要记录由胜任力引出的其他关键行为事件及两者之间的对应关系。

④总结和分析：对各方面的观察做出总结，包括访谈主题、个人印象、观点及初步结论，特别是就被访者提及的沟通、倾听与影响力等方面的胜任力对开展工作的影响做出评价。这些记录都是分析行为事件访谈资料、获得胜任力结论的关键内容与依据。例如，被访者的谈话方式、频繁使用的词语、被访者与人相处的方式、对他人的评价以及被访者表现出不满意的方面等。

（四）主题分析法

1．主题分析的内涵

主题分析的含义通常包括两个方面：一是基于胜任力词典提出的胜任力分类及相关定义与分级，提炼行为事件访谈中的胜任力信息，对其进行编码与归类整理的过程；二是在通用胜任力词典之外，对行为事件访谈过程中新出现的、企业个性化的胜任力要项的分析、提炼与概念化过程。

对行为事件访谈资料进行主题分析的切入点就是观察行为事件访谈过程中绩优人员与一般人员对关键事件的描述以及对问题的回答存在的差异，其核心要义就是发现决定绩效优劣的关键因素，即从事该职位工作所需的胜任力要项。

例如，优秀的企业家通常都会适时抓住机会采取行动，一般的企业家则往往对机会不是十分敏感；优秀的管理者更关注团队的力量，即借助个人影响力，整合他人的资源与优势以获得整体的成功，一般的管理者则往往只关注个人的成功。

进行主题分析需要注意以下步骤与关键环节：

①需要哪些胜任力要项？通过主题分析的方式，一方面，可以直接发现绩优人员与一般人员的差异，提炼相应的胜任力要项（如归纳思维等）；另一方面，可以进一步挖掘导致绩优人员与一般人员的行为差异的深层次原因，提炼相应的胜任力要项。例如，在工作中，绩优人员通常比一般人员更有毅力，但是导致这一现象的更深层次动机可能是突显自己，或是做事有始有终的习惯使然，或是按部就班，遵守统一的标准与原则等。

②胜任力要项要求的级别程度怎样？同一胜任力要项的层级差异能够导致工作绩效的不同，要明确绩优人员与一般人员所达到的级别。

③定义胜任力要项。根据胜任力要项的提炼以及级别的确定，参照企业的胜任力词典给出对应胜任力要项的级别定义；对于那些企业没有编制胜任力词典的、个性化的以及补充的胜任力要项，要按照统一的语言风格对胜任力进行相应的解释。

2. 主题分析的步骤

（1）组建主题分析小组

小组主要由实施过行为事件访谈的人员构成，至少应包括 4 人。

（2）被访者个体分析

分析小组的成员采取对相同的行为事件访谈材料两两组合分析的方

式开展工作，以集合多方的观点，尽量减小分析的偏差。

每位小组成员在分析行为事件访谈材料的过程中，要基于个人的经验与判断对每一个可能暗示某一胜任力主题的细节（文字或段落）都做上标注。其中，对于那些企业胜任力词典中已有的胜任力要项，应在相应内容的旁边标明相应的代码；对于胜任力词典中尚未列出的胜任力要项，则要由分析人员用自己的语言进行初步归纳与整理，并采用缩略形式标明。

（3）主题分析小组共同研讨，界定胜任力要项的定义、内容与级别

以整个主题分析小组为单位，沟通并逐个论证每个分析人员从行为事件访谈资料中提炼的胜任力主题，并将主题归类，即要么是一组绩优人员的胜任力要项（积极主题），要么是一组一般人员的胜任力要项（消极主题），要么是绩优人员与一般人员共同具备的胜任力要项。

小组成员在提出胜任力主题时，要对应有关具体行为的阐述与解释，进而将提炼的胜任力主题归类为相应的胜任力要项族。

对于那些在企业胜任力词典中找不到的胜任力要项，经过小组讨论，要么作为某一已知胜任力要项的子项，要么作为补充胜任力要项或新出现的胜任力要项添加至企业的胜任力词典。

另外，小组成员个人在分析与提炼胜任力主题时，往往会采用不同的语言表达方式描述胜任力主题。因此，分析小组共同研讨胜任力主题的目的就在于采用统一的语言形式对每一个胜任力要项族与胜任力要项的定义、内容以及级别做出最佳描述和说明。

（4）结合胜任力词典，编制胜任力要项代码

分析小组成员结合胜任力词典，对提炼的胜任力主题（特别是那些新提炼的胜任力主题）进行分类编码。

（5）主题分析小组讨论，统一胜任力要项代码

分析小组对胜任力主题与要项代码进行统一论证与修订，从而使胜任力主题的定义更加准确、贴切。

（6）对提炼的胜任力主题进行统计分析与检验

从行为事件访谈材料中抽取 2～3 份作为研究样本，运用统计学方

法，检验在两个或更多的人阐述相似的关键事件时是否都反映出了同一个胜任力要项，从而分析与界定绩优人员与一般人员最突出的胜任力差异，证明所提炼的胜任力主题的可信度，同时也可以甄别分析小组成员个人的研究与评估能力。

（7）根据结果进行修正

根据统计分析的结果，由主题分析小组再次对胜任力主题进行修正，形成最终的胜任力模型与相应的代码手册。

第三节　胜任力模型的应用

一、胜任力模型与企业核心竞争力的关系及构建

核心竞争力是组织的系统能力，组织的竞争优势正是凭借这种系统能力体现在为顾客提供的比竞争对手更大的价值。但是随着信息技术的广泛应用，对资源的独占与差异化使用已然变得越来越难以实现。这就意味着对于企业而言，通过提供更好的产品与服务，以及比对手更低的价格，或是将技术革新应用到企业的研发与生产过程中等手段，都已经无法实现企业获得持续竞争优势的愿望。基于此，培育并完善企业的系统能力便成为帮助企业获得持续竞争优势的唯一途径。

这种系统能力不仅意味着企业在市场拓展、技术创新以及财务获利等局部环节上的能力，还在于将上述能力持续转化成为企业优势的能力。这种能力既不能依托于企业中那些个别的专家或技术专利的拥有者、大客户资源的掌控者，也不能依托于企业一时所抓住的机会或某种资源，它主要表现为企业人力资源开发与管理、资源与信息共享等的流程、机制、业务模式以及核心价值观等。

或者可以这样说，竞争优势来源于建立一个持续提供比竞争对手更好的产品与服务，并能更快适应外部环境变化，通过不断学习及时调整行动的组织，而所有这一切的实现都依赖于组织中的核心资源——人力资源。

因此，归根结底，组织获取核心竞争力的源泉在于持续构建人力资源所具备的核心专长与技能，它是构成组织能力的核心要素。这种核心专长与技能能够为顾客创造独特的价值，并且是竞争对手在短期内难以模仿与复制的。在这里，核心专长与技能即为"胜任力"，它是对组织中从事不同工作的员工所具备的动机、个性与品质、自我形象、社会角色、价值观以及知识与技能的描述。如此一来，通过建立员工胜任力模型，便能够在构建企业的核心竞争力与培养人力资源的核心专长和技能之间架设联系的桥梁，使企业基于战略指导并规范管理者与员工的行动成为可能。

反过来说，通过员工胜任力模型的建立，实际上也为组织发现与衡量它所应具备与实际具备的核心能力提供了一种有效并且统一的工具。之所以是"统一"的，是因为员工胜任力模型为组织中各业务系统认识与了解组织的核心能力以及自身在组织中的价值定位与贡献建立了共同识别的语言系统。由此，对于过去在业务内容、运作模式等方面完全不同的技术部门与市场部门而言，企业也能够通过对其核心能力以及员工胜任力模型的界定，在不同部门之间建立有效对话的良好平台，使各自在业务的衔接与流程的配合等方面更加清晰明了。

综上，企业要想在激烈的市场竞争中获得长足发展，必须具有独一无二的核心竞争力。核心竞争力的根本源泉是人力资源，那么作为两大基石之一的胜任力系统便显得至关重要。企业可以通过对胜任力的不断实践以及修正来增强自身的核心竞争力。

二、员工胜任力模型在人力资源各职能模块中的应用

首先来了解一下基于胜任力的人力资源管理与传统人力资源管理的区别。

既然员工胜任力模型的建立为企业人力资源管理活动的开展确立了新的基点，那么基于企业核心能力的人力资源战略也就找到了有效契合企业战略进行制订并实施的依据。换言之，企业的人力资源战略通过对那些有利于构建与强化员工核心专长与技能（胜任力）的人力资源管理

手段与措施（如 KPI 指标的确定、各种薪酬分配方法等）进行系统的界定，从而聚焦于企业的总体战略，并为总体战略的达成提供支持与服务。

对于人力资源管理系统的各个板块与环节而言，胜任力模型为构建系统化的人力资源管理系统提供了逻辑起点（即首先选择合适的人去做适合的事），从而保证了人力资源管理其他各个环节能够纲举目张、有序展开。

胜任力模型的建立为企业人力资源管理效率的提升找到了新的基点，那么企业人力资源管理实践的相应环节也因此发生了变化。

（一）胜任力模型与潜能评价

潜能评价是采用科学的专业化方法与工具收集信息，通过测量与评价个人相关的行为取向与胜任力特征，预测其未来业绩的过程。

实施潜能评价的工具与方法通常包括评价中心（Assessmenton center）、关键事件访谈、工作样本测试、能力测试、人格测试和背景资料分析等，其中最常见并且最有效的是评价中心和关键事件访谈。

企业实施潜能评价大致可以分为三个步骤进行。其中在第二步的设计过程中，确定每一个案例、讨论或者扮演活动对应于评价哪些胜任力是非常关键的。如果试图通过一个案例或讨论评价所有胜任力，将会使整个评价过程过于复杂与费时，并且影响评价的准确性。因此，通常一个活动对应的胜任力数量为 2～4 个。例如，通过处理客户投诉的案例，评价被评者的人际理解力、影响力以及客户服务等胜任力。

另外在具体实施潜能评价的过程中，专业人员必须观察被评者的语言、动作、表情、态度等各个方面，同时详细记录每项行为表现，用实际事例证明被评者的行为与对应胜任力层级之间的联系，由此归纳与整理出被评者的胜任力特征，并撰写相应的评价报告。报告通常由企业的人力资源部门专人归档管理，作为未来任免、调配、绩效管理、薪酬确定以及培训开发的依据。

需要说明的是，基于中国大多数企业的现实情况，员工的潜能评价报告不宜公开，它只能为员工本人以及作为任免、调配、绩效沟通辅导、培训等人力资源管理工作需要时所用。

同时潜能评价的结果本身并无好坏之分，也只能作为适不适合从事某项工作的参考依据。

（二）胜任力模型与招聘甄选

如今企业招聘甄选的重点已逐渐从满足职位空缺的人员需求，转向为了保证企业战略目标的实现而从多样化的背景中（包括文化、教育、经济环境等）甄选与吸引那些能够帮助企业达成当期以及长期战略意图的、具有高胜任力的人。企业传统的"依据候选人的知识技能以及经验背景"进行招聘甄选的理念与方法已经不能满足企业获得持续竞争力，同时吸引与开发关系企业长期两种不同理念之间的差别到底是什么呢？

开展基于胜任力的人员招聘甄选活动事实上为企业构建一个基于胜任力的人力资源管理系统提供了良好的起点，换句话说，通过基于胜任力的招聘甄选能够使各级管理者与员工将企业对于员工胜任力的要求有效地加以贯彻，从而也使员工能够充分认识、理解并传播企业关于胜任力的"语言"，保证了企业的人力资源管理实践从一开始就是有效的。

那么企业实施基于胜任力的招聘甄选大致可以遵循四个步骤。其中在具体实施招聘甄选的过程中，通常采用的是"行为面试"（Behavioral Interview）的方法。该方法与行为事件访谈法的原理基本相同，它是通过一份结构化的问卷对候选人进行面试，旨在发现候选人在过去经历中表现出来的胜任力与目前工作要求胜任力之间的吻合程度，以此来确定候选人是否适合候选职位的一种方法。因此，面试问卷通常围绕应聘职位的关键胜任力而设立，由候选人根据其先前经验中的典型事件进行回答与解释，同时为了保证面试的客观性及与工作的相关性，问题也以具体的行为（实际做了什么）为主。

基于胜任力的招聘甄选的确为企业获取进而合理使用人才提供了很好的依据，那么反过来，根据员工胜任力模型与高绩效之间的驱动关系，也可以帮助企业的人力资源部门更加清晰明确地衡量招聘甄选的效果。例如，哪里有企业最需要的人才？哪些人目前业绩不错，但是不能长期留用？企业需要储备什么样的人才？目前大致有多少？等等。

（三）胜任力模型与绩效管理

在完成了基于胜任力的甄选工作之后，对于企业而言，接下来就是如何引导、强化与利用员工的胜任力，使之转化为可测量并对企业有价值的绩效。

一方面，基于胜任力的人力资源管理理念与传统的人力资源管理理念已经有所不同，前者更加强调的是如何发挥人的潜能，利用人的优势，在扬长避短的前提下提高人的绩效，实现人职匹配，因此相对于绩效管理系统而言，其关注的焦点以及具体的实践也将发生一定的变化。具体而言，企业的绩效管理理念必须从结果导向（即关注员工的短期绩效）转向能力导向（即关注员工当前以及未来的长期绩效），这样一来通过胜任力就能够对员工未来的绩效进行合理且有效的预期，并因此对企业的人力资源管理实践提供有益的指导，包括晋升调配、培训开发等。

另一方面，胜任力模型的引入实际上也对企业各级管理者的管理风格提出了新的要求。换言之，管理者在帮助下属改进绩效的过程中，不仅要关注下属在达成绩效过程中的不足与问题，包括知识与技能的差距、行为方式的规范与改善等，还要帮助下属关注自己的潜能，即"我最擅长干什么""我的潜能将如何影响我未来的绩效"等。显然，这与传统绩效考核只关注"我不能干什么""我应该改进什么"是有差别的。

（四）胜任力模型与薪酬管理

薪酬问题一向是企业员工最关注、也最敏感的话题。那么胜任力模型的引入将会给企业的薪酬管理带来什么样的冲击呢？毋庸置疑，任何企业都需要建立一套有效的激励机制，以促进员工持续地为企业创造价值。而企业对这种价值的认定则源自企业关注的是什么，它便成为企业向员工支付薪酬的依据。在建立了基于胜任力的绩效管理系统之后，企业已经从过去关注员工现在能够创造什么价值转向了包括现在与未来在内的、持续的价值创造能力，因此建立基于胜任力的薪酬管理系统实际上也为企业关注员工未来发展与潜在价值提供了最终的落脚点，从而使员工与各级管理者都能为不断提高现有技能水平、持续发挥自身优势与潜能而努力，也使整个基于胜任力的人力资源管理系统对企业的运营实践产生价值成为可能。

此外，建立基于胜任力的薪酬管理系统也能够帮助企业吸纳、保留更多具备高胜任力、高潜质的人才，这种对于驱动高绩效产生的高胜任力的关注实际上为知识经济时代知识型员工的人力资源管理提供了有效的切入点，它符合基于角色与成果管理知识型员工的要求。其中，基于角色是相对于过去基于职位而言的，基于成果则是相对过去基于短期激励而言的。

基于胜任力的薪酬管理系统对员工的个性以及创造力也给予了相当的尊重。所以建立基于胜任力的薪酬管理系统为扩大企业内对于"尊重"的内涵界定，而不仅仅是基于权力获得的名望与地位提供了可能，从而成为激励员工不断实现自我、提升自身价值的动力源泉。

（五）胜任力模型与培训开发

为了有效支撑基于胜任力的人力资源管理系统，特别是绩效管理系统、薪酬管理系统的实践，企业的培训开发系统也要相应贯彻"激发与强化员工的优势与潜能，立足于培育员工的核心专长与技能"的理念。具体来讲，企业要根据员工个人的职业发展计划以及定期的绩效考核结果，在与企业实现战略所需的核心能力要求进行比较的基础上，确定员工的胜任力差距，并据此制定相应的培训计划、设计培训项目与课程，最后通过培训效果的评估对员工胜任力的改进与提升提供反馈与指导。尤其需要强调的是，对于基于胜任力的培训开发系统而言，在培训方式方法的选择上，除了对员工知识、技能的培训之外，关于潜能的培训与开发还要遵循胜任力与行为之间的驱动关系，通过总结、提炼企业内部成功与失败的案例，最终支持员工胜任力的不断提升与绩效的改进。

（六）胜任力模型与员工个人的职业生涯发展

企业人力资源管理最终要服务于"企业要成为什么"以及"员工要成为什么"两个基本目标。那么从员工实现个人职业生涯发展的角度而言，胜任力模型实际上为员工规划个人职业发展确立了基点与有效路径，员工从此能够依据自身的胜任力特点，结合企业对核心专长与技能的要求，获得"胜任愉快"的职业能力，并真正实现企业目标与个人目标的结合。而所谓"胜任愉快"，主要是指员工通过个人能力的提升提高了工作绩效，并在"愉快"地获得企业回报的同时，实现了自我价值。因此，从一定意义上讲，胜任力模型也是企业内各个业务系统中员工培育适应企业核心能力要求的核心专长与技能，并基于此规划个人成长路径的一种有效的辨别工具。

（七）胜任力模型与企业战略性人才规划

胜任力模型的建立能够帮助并强化企业对于人才的认知与界定，换句话说，企业通过分析自身战略规划与实施过程中对人才核心专长与技能的要求，从而能够根据胜任力模型以及对现有人才的评价结果检点企业现有人才的能力状况，并因此有针对性地开展包括人才的吸纳、开发、激励、维持等在内的一系列人力资源规划与行动。

（八）胜任力模型与核心人才管理

与战略性人才规划相似的是，胜任力模型也可以成为企业评价与管理核心人才的重要依据，由此引申而展开的一系列人力资源管理活动，自然也能够服务于企业短期以及长期发展所需关键人才的持续培养与开发等目标。

第五章 人力资源管理者队伍建设

第一节 人力资源管理者的职业化

一、人力资源管理者的概念

人力资源管理者也即人力资源管理人员，是从事人力资源规划、员工招聘选拔、绩效考核、薪酬福利管理、培训与开发、劳动关系协调等工作的专业管理人员。人力资源管理者的任务是选人、育人、用人、留人，调动各类员工的积极性和创造性，同时也必须运用劳动法规和劳动合同来规范人力资源管理活动，协调处理企业的劳资纠纷，从而求得人与事相适应，达到事得其人、人适其事、人尽其才、事尽其功的目的。人力资源管理者的作用越来越受到企业决策层的重视，许多企业逐渐走出了人事管理的误区，把人力资源管理看成是一种战略性的管理，并把人力资源经理或管理者称为战略合伙人。

就企业组织结构来讲，一般企业的组织都可以分成三个管理层次，即：决策层、中间层和操作层。组织的层次划分通常呈现金字塔式，即决策层的管理者少，执行层的管理者多一些，操作层的管理者更多。通常也称决策层的管理者为高层管理者，执行层的管理者为中层管理者，操作层的管理者为基层管理者。不同层次不同岗位的管理者，在组织运行中扮演着不同的角色。高层管理者最重要的角色是决策角色，确定公司经营的大政方针、发展方向和规划，掌握政策，制定公司规章制度以及进行重要的人事组织及其变动等，也就是说，凡关系到公司全局、长远发展的重大问题，凡是与外部协作和市场竞争有关的重大问题，均由高层经理处理决策。基层管理者则主要是调动下属成员进行团队合作，组织一线职工努力完成生产计划和工作任务。而作为中间的企业中层管理者是企业的中坚力量，则承担着企业决策、战略的执行及基础管理与决策层的管理沟通的工作。

二、人力资源管理者的职业化

在人力资源管理的理念和实践萌芽与发展初期，人力资源管理者很多是从一线员工中调任的，通常是在经营业务上并不出色却善于与人相处的管理人员，甚至有部分是因为在工作中不能胜任或即将退休而被调配到该部门。部门多定位于从事行政性、事务性的工作，这与当时的工业时代背景和管理意识相一致。在知识化、网络化和竞争化的时代进程中，人力资源管理人员的职业化、专业化趋势日渐成熟，人力资源管理逐渐开始由一个专业成为一个职业。

职业和工作并非对应的概念，工作是职业的初级阶段，随着社会分工的细致和知识体系的强化与扩张，工作发展到一定阶段时，才成为职业。职业是具有较高社会地位的知识性工作，包含四个基本特征：专业化知识、自治、对其他次要工作群体的权威以及一定程度上的利他主义。因此，从工作向职业转变的过程可以说就是职业化的过程。

基于这种认识，关于职业的特征成为社会学家研究的重点。1915年，有学者最早描述职业的六点特征：个人责任感、科学和学问的基础、实用的专门化知识、通过组织分享普遍的技术、自组织形式、利他主义意识。1957年，美国著名的社会心理学家格林沃德（Greenward）又为职业给出了更为清晰的界定：系统化的理论、权威、社区约束力、伦理规范、一种文化。在此基础上，社会学家豪斯（Haus）将诸多特征融合为两个，即专门化的知识训练以及坚守行为标准。1968年，社会学家帕森（Parson）在其一篇论文中将其描述为：正规的训练、高标准的技术、能够确保社会责任。1970年，社会学家墨尔（Mill）的研究特别令人瞩目，他将职业化看成一个发展过程，包括的几个阶段：工作、职业、正规化的组织、要求教育的组织、倾向服务的组织以及享有独立自治权的组织。从中可以看出职业化的最高阶段即组织享有健全的职业自治权。

专家指出，工作如果能够向社会证明其将有的贡献性就能够成为职业，比如责任感、较高的教育水平以及服务意识等，这些特征能够证明其符合公认的职业地位。对于职业特征的研究最终发展出职业主义意识形态，研究法规成功的企业在价值和职业主义方面与其他企业相比具有鲜明的特色。职业主义的两个基本要素就是专门化的知识和自治权，职业化是基于共同知识的专业化与基于独立利益的自治的形成过程。基于共同知识的专业化意味着共同的知识话语与规则的形成，但是"知识话语的确立并不仅仅涉及知识的重新布局，而且势必涉及社会利益格局某种程度的改变，涉及利益的社会再分配"。也就是说，它意味着拥有共同的文化资本，分享共同的文化背景，以及拥有同样的生产关系（话语的生产和分配）的阶段的形成。这里的自治包括职业独立，独立于政府和社会之外；也包括职业自律，职业角色通过职业理念和精神的内化而成为职业良心。

职业化是劳动社会化分工条件下的组织原则，也是劳动力市场构建的一种方式。职业化使工作跳出了自由竞争的劳动力市场，市场的准入资格、竞争程度、薪资水平等都发生了变化，各种形式的职业同盟逐渐形成。

随着人力资源管理在组织中的地位日益重要，人力资源管理者的角色定位被提升到前所未有的高度：组织的战略合作伙伴。在传统的人力资源管理中，更为强调个体人力资源的产出（营业额、满意度以及绩效），各个人力资源职能相互之间是分离而独立的。但在战略人力资源管理中，战略是商业导向，关注于组织的整体效能；人力资源则被作为资产、资源，采用广泛的、权变和一体化的方法进行管理。战略化意味着人力资源对其他工作、职业的影响力以及在组织绩效的影响中权重更大。立足于职业化的角度，人力资源战略化的基础和核心是人力资源职业自治。

工业革命以前，技能型工匠保持了其对于工作的职业控制。工业革命开始后，他们慢慢丧失了这种权力而成为机械生产下的一般技术工人。早期的工艺依然存在，但是工人对于工作方式的控制权被工厂主（或者管理者）剥夺掉了，职业的特性也随之改变、消失。工人不再被看作"独立的承包人"，而成了依附于组织的"零部件"。行政管理工作在组织内的地位和工作控制权不断提升。社会学家在对一些专业如何重获对于工作控制权（比如医生、老师）的研究中发现，不同的工作就谁能胜任何种职业以及在多大程度上影响组织总体绩效不断地进行协商与博弈。以前，人力资源管理对组织绩效的影响是与其他职能的作用混杂在一起的，而在当前的有些组织内人力资源管理定位不高，也主要是由于其无法明确对于组织整体绩效的贡献程度。尚未成为组织战略伙伴的人力资源管理者们不断地营销其拥有商业导向的人力资源知识和技能的权限主张，努力使最高管理层接受以提高其职业地位。

然而，要想使人力资源管理在组织内真正成为战略性职能，必须将其当成独立的职能部门来看待，即为了有效地向企业内部客户提供服务，人力资源管理者对于工作的控制权和自主权理应得到加强。在美国的一些企业中，高层人力资源管理者已经开始把人力资源管理作为战略性业务单元来看待，试图根据他们的顾客基础、顾客需求以及满足顾客需求的技术等条件来界定其业务内容。这种理念的根本正是与职业化理念相契合的，其基础都是要赋予人力资源管理以职业自治权。因此，可以说，人力资源管理的战略化进程正是人力资源管理职业化发展的体现，职业化的成熟将会为人力资源管理在组织内的定位和运作提供良好的基础和平台。

美国是人力资源管理职业化较早的国家，在人力资源管理领域职业化发展进程中最具有代表性，在某种程度上已达到了上述标准，成为一个职业。美国拥有人力资源管理协会、国际人力资源管理协会（IF-

MA)、雇员关系促进委员会（PERC）等众多著名的人力资源职业资格认证机构。总部位于弗吉尼亚的国际人力资源管理协会（IFMA）主要从事公共机构人力资源从业者的职业资格认证，而总部位于亚特兰大的雇员关系促进委员会（PERC）主持的认证项目是劳资关系专家证书（CERP）认证。美国人力资源管理协会成立于1948年，在美国之外的120个国家设有分会，是世界上最大的人力资源管理组织。该协会由从事人力资源管理的专业人士制定认可的人力资源管理标准；对通过其专业经验和综合书面考试、满足人力资源管理标准的人力资源人士进行认证；向有志成为人力资源管理专业的人员提供信息和申请材料，回答办理有关证书手续方面的问题；评估换证申请，负责颁发新证和换证；监督证书考试操作机构的运作；保存所有获得证书的人力资源管理专业人员的数据库；向董事会提供行政管理和人员支持。另外，美国在薪酬福利、人力资源信息管理、培训开发等领域还分别具有相应的专门组织机构。尽管每个协会都有适合自己的一套道德行为准则，但是，这些准则在诚实、守法、熟练程度、忠诚以及保密等五个方面提倡的内容具有共通性。

在美国，人力资源领域的应用研究机构主要是高校、咨询机构以及职业性机构，在研究成果和人力资源管理实践之间尚存有一定的差距，这不仅仅是知识的缺口，还是"知行"之间的矛盾。美国人力资源实践方面的知识体系由人力资源认证协会整理汇总，这包括：管理实践、培训开发、薪酬福利、员工关系以及健康、安全、保障等。

第二节　人力资源管理者的任务

现代人力资源管理是一个人力资源的获取、整合、保持、激励、控制、调整及开发的过程，包括求才、用才、育才、激才、留才等内容和工作任务。一般说来，现代人力资源管理主要包括以下几大系统：人力资源的战略规划、决策系统；人力资源的成本核算与管理系统；人力资源的招聘、选拔与录用系统；人力资源的教育培训系统；人力资源的工作绩效考评系统；人力资源的薪酬福利管理与激励系统；人力资源的保障系统；人力资源的职业发展设计系统；人力资源管理的政策、法规系统；人力资源管理的诊断系统。具体地说，现代人力资源管理主要包括以下一些具体内容和工作任务：

一、制订人力资源计划

人力资源管理者的首要任务就是制定人力资源规划。人力资源规划是预测未来的组织任务和环境对组织的要求，以及为了完成这些任务和满足这些要求而设计的提供人力资源的过程。它要求通过收集和利用信息对人力资源活动中的资源使用活动进行决策。对于一个企业来说，人力资源规划的实质是根据企业经营方针，通过确定企业人力资源来实现企业的目标。人力资源规划分战略计划和战术计划两个方面。

（一）人力资源的战略计划

战略计划主要是根据企业内部的经营方向和经营目标，以及企业外部的社会和法律环境对人力资源的影响，制订的较长期计划，一般为两年以上。但同时要注意其战略规划的稳定性和灵活性的统一。在制订战略计划的过程中，必须注意以下几个方面因素：

1. 国家及地方人力资源政策环境的变化

包括国家对于资源的法律法规的制定，对于人才的各种措施，如国家各种经济法规的实施，国内外经济环境的变化，国家以及地方对于人力资源和人才的各种政策规定等。这些外部环境的变化必定影响企业内部的整体经营环境，使企业内部的人力资源政策也应该随着有所变动。

2. 企业内部的经营环境的变化

企业的人力资源政策的制定必须遵从企业的管理状况、组织状况、经营状况变化和经营目标的变化，由此，企业的人力资源管理必须依据以下原则，根据企业内部的经营环境的变化而变化。一是变定原则。变定原则要求企业不断提高工作效率，积累经营成本，企业的人力资源应该以企业的稳定发展为管理的前提和基础。二是成长原则。成长原则是企业在资本积累增加、销售额增加、企业规模和市场扩大的情况下，人员必定增加。企业人力资源的基本内容和目标是为了企业的壮大和发展。三是持续原则。人力资源应该以企业的生命力和可持续增长，并保持企业的永远发展潜力为目的。必须致力于劳资协调，人才培养与后继者增加工作。现实中，企业的一时顺境并不代表企业的长远发展，这就要求企业领导者和人力资源管理者，具有长远目标和宽阔的胸襟，从企业长远发展大局出发，协调好劳资关系，做好企业的人才再造和增加接班人的工作。因此企业的人力资源战略必须是企业整体战略的一个有机组成部分，而人力资源战略就是联系企业整体战略和具体人力资源活动的一座桥梁。

3. 人力资源的预测

根据公司的战略规划以及企业内外环境的分析，而制定人力资源战略计划，为配合企业发展的需要，以及避免制定人力资源战术计划的盲目性，应该对企业的所需人才做适当预测。在估算人才时应该考虑以下因素：因企业的业务发展和紧缩而需增减的人才；因现有人才的离职和退休而潜在补充的人才；因管理体系的变更、技术的革新及企业经营规模的人才。

4. 企业文化的整合

企业文化的核心就是培育企业的价值观，培育一种创新向上、符合实际的企业文化。在企业的人力资源规划中必须充分注意企业文化的融合与渗透，保证企业经营的特色企业经营战略的实现和组织行为的约束力，只有这样，才能使企业的人力资源具有延续性，具有自己企业的人力资源特色。国外一些大公司都非常注重人力资源战略的规划与企业文化的结合，松下公司"不仅生产产品，而且生产人"的企业文化观念，就是企业文化在人力资源战略中的体现。总之，一个企业的人力资源规划，必须充分与企业外部环境和内部环境协调，并融合企业文化特色。

（二）企业人力资源的战术计划

战术计划是根据企业未来面临的外部人力资源供求的预测，以及企业的发展对人力资源需求量的预测，而制订的具体方案，包括招聘、辞退、晋升、培训、工资政策和组织变革等。在人力资源的管理中有了企业的人力资源战略计划商，就要制定企业的人力资源战术计划。人力资源的战术计划一般包括四部分：

1. 招聘计划

针对人力资源所需要增加的人才，应制订出该项人才的招聘计划，一般一个年度为一个时期。其内容包括：计算各年度所需人才，并计算考察出可内部晋升调配的人数；确定各年度必须向外招聘的人才数量；确定招聘方式；寻找招聘来源，对所聘人才如何安排工作职位，并防止人才流失。

2. 人才培训计划

人才培训计划是人力资源计划的重要内容，人才培训计划应按照公司的业务需要和公司的战略目标，以及公司的培训能力，分别确定下列培训计划：新进人才培训计划；专业人才培训计划；部门主管培训计划；一般人员培训计划；人才选送进修计划；考核计划。一般而言，企业内部因为分工的不同，对于人才的考核方法也不同，在市场经济情况下，一般企业应该把员工对于企业所作出的贡献作为考核的依据。这就是绩效考核方法。绩效考核计划要从员工的工作成绩的较量和质量两个方面，对员工在工作中的优缺点进行判断。如市场营销人员和公司财务人员的考核体系就不一样，因此在制订考核计划时，应该根据工作性质的不同，制订相应的人力资源绩效考核计划。它包括以下三个方面：工作环境的变动性大小；工作内容的程序性大小；员工工作的独立性大小。绩效考核计划做出来以后，要制订相应考核办法。一般有以下主要方法：员工比较法；关键事件法；行为对照法；等级鉴定法；目标管理法。

二、激发员工积极性

现代企业人力资源管理的主要目的是通过卓有成效的管理和开发措施，充分调动职工的工作积极性，保证生产经营目标的实现。建立激励机制正是调动职工积极性的重要措施，具有十分重要的意义。人力资源管理者要通过物质激励、精神激励等多种途径充分调动员工积极性。

（一）物质激励

物质激励是指通过发放工资、奖金、实物等物质性手段对员工产生的激励作用。物质激励是建立企业激励机制的重要途径。设置科学合理的物质激励方案是现代企业管理的一项重要内容。过去，我国企业过分强调精神激励的作用，忽视了物质激励的重要性，导致职工积极性不高，企业效率低下等很多问题。改革开放以后，我国企业开始重视物质激励的重要作用，物质激励在企业管理中的作用日益重要。

在企业人力资源管理中，要非常重视工资的激励作用。工资不仅仅是员工劳动的报酬，也是激励员工努力工作的重要手段。如何使工资成为激发员工努力工作的动力，是企业人力资源管理的一项重要内容。过去，我国企业普遍实行"大锅饭"的工资体制，就极大地制约了员工积极性的提高。在现代企业制度下，必须对企业的工资制度进行认真的研究和改革。

1. 拉开工资差距

拉开工资差距是充分发挥工资激励作用的有效办法。如果企业员工工资水平基本相同，员工就有可能感到没有追赶的目标，感到再努力工作也不会提高收入，从而影响工作积极性。拉开工资差距要考虑三个因素：

一是工资差距要根据企业不同岗位承担的不同工作确定，真正使贡献大的员工得到高收入，体现按劳分配的原则。

二是实行高工资的员工数量应少，如果多数员工普遍提高工资，就不能称为拉开工资差距，也起不到激励作用。这就需要企业在确定哪些岗位和人员实行高工资时，根据企业的实际需求量，进行综合对比。

三是工资差距要合理。工资差距过小，起不到激励的作用；工资差距过大，企业难以承受。因此，确定工资差距一定要合理。在具体标准上，高工资应是低工资的 10 倍以上，20 倍以下。

2. 保证最低需要

保证最低需要要求企业在确定工资标准时，必须参照当地的生活水平和国家有关规定，使内部员工工资都能够满足基本的生活需要。如果企业做不到这一点，员工就会由于基本生活没有保障而无法安心工作，企业人力资源的各项措施都难以发挥成效。

3. 保持工资涨幅

企业在设计工资制度时，要使员工工资在一定基数的基础上，随企业效益的变化适当上涨。一般地说，多数企业都会及时调整员工工资。员工工资上涨必须保持一定的幅度。这个幅度要合理，不能太大，也不能太小。如果这个幅度过大，可能导致员工保持较高的期望值，一旦企业经济效益下降，员工期望值不能得到满足时，就会影响员工积极性的发挥。过高的工资涨幅也使企业的自我积累减少，容易削弱企业发展后劲。但是，涨幅过小又不能起到激励员工的作用。因此，研究符合我国企业实际情况的工资涨幅十分必要。

4. 照顾多数员工

企业设计工资制度时，既要体现按劳分配的原则，充分调动员工的工作积极性，形成竞争激励机制，又要注意照顾多数员工的利益。企业的发展要依靠广大员工的共同努力，否则就不能有大的发展。因此，企业要保证有足够的财力照顾多数员工的利益，保证多数员工的基本生活需要。在此前提下，设计工资制度。

在发挥好工资作用的同时，也要运用好奖金、实物等方法的激励作用。同时，在物质激励手段的运用中应坚持一定的原则。一是坚持按劳分配原则。按劳分配使一切有劳动能力的人都能够努力为企业工作，坚持按劳分配原则能够体现出激励的作用，促使职工努力工作。二是保证企业发展后劲的原则。搞好物质激励必须建立企业内部的自我约束机制，服从和服务于企业生产经营的需要。这就要求企业坚持分配总额与经济效益紧密挂钩，既使企业员工收入不断提高，又不能影响企业的发展后劲。三是物质激励和精神激励相结合的原则。物质激励不是万能的，这一点已经被中外企业实践和理论界所证明。因此，企业在对员工进行物质激励时一定要与思想教育相结合，引导员工正确看待物质利益，切实关心员工、爱护员工，从灵魂深处激发员工的工作积极性。

（二）精神激励

精神激励是相对于物质激励而言的。它是通过表扬、鼓励等思想工作的手段，使员工受到肯定和尊重，从而激发他们工作热情，努力完成承担的工作任务。马克思主义哲学认为，内因决定外因。物质激励属于外因，精神激励才是调动员工积极性的动力。实践证明，当员工取得成就时，最渴望得到承认和表彰。

三、进行岗位分析

岗位分析是人力资源管理者的一项重要任务，它是一个全面的评价过程，这个过程可以分为四个阶段：准备阶段、调查阶段、分析阶段和完成阶段，这四个阶段关系十分密切，它们相互联系、相互影响。

（一）准备阶段

是岗位分析的第一阶段，主要任务是了解情况，确定样本，建立关系，组成工作小组。具体工作如下：明确工作分析的意义、目的、方法、步骤；向有关人员宣传、解释；与员工建立良好的人际关系，并使他们做好心理准备；组成工作小组，以精神为原则；确定调查和分析对象的样本，同时考虑样本的代表性；把各项工作分解成若干工作元素和环节，确定工作的基本难度。

（二）调查阶段

是岗位分析的第二阶段，主要任务是对整个工作过程、工作环境、工作内容和工作人员等主要方面做一个全面的调查。具体工作如下：编制调查问卷；灵活运用各种调查方法，如面谈法、问卷法、观察法、参与法、实验法、关键事件法等等。广泛收集有关工作的特征以及需要的各种鼓励；重点收集工作人员必需的特征信息；要求被调查的员工对各种工作特征和工作人员特征的重要性和发生频率等做出等级评定。

（三）分析阶段

是岗位分析的第三阶段，主要任务是对有关工作特征和工作人员特征的调查结果进行深入全面的分析。具体工作如下：仔细审核收集到的各种信息；创造性地分析、发现有关工作和工作人员的关键成分；归纳、总结出工作分析的必需材料和要素。

（四）完成阶段

是岗位分析的最后阶段，前三个阶段的工作都是以达到此阶段作为目标的，此阶段的任务就是根据规范和信息编制"工作描述"和"工作说明书"。

四、人力资源的招聘与选拔

选拔与招聘人才是人力资源管理者的根本任务之一。人力资源管理者既要招聘并储备大量适合人才，又要做好人员及文化整合，搞好培训，做好员工职业生涯管理，实现企业与员工发展的双赢。

在人才的招聘问题上，首先要明确一个前提：是选择最优秀的还是选择最适合企业的。也许有人认为，最优秀的人才才能为企业带来更多的创新和价值。而事实上，经过企业层层考核和筛选，最优秀的人才却往往和企业环境格格不入，有时似乎业绩也很一般，最终还是带着种种不如意选择离开，企业用来面试、评估的时间、成本，一切投入都将付诸东流。如果说一次情况的出现可能只是巧合，而作为企业人力资源管理者却总是陷入这样的困境。研究表明，只有最适合企业的人才，才能很好地认同企业的文化，发挥他的积极性和创造性。

（一）要对企业发展阶段和外部环境有清醒的认识

企业处于不同的发展阶段，对员工的要求也不同。在初创阶段，企业需要大量有经验的人员来完善企业的业务和制度，他们的经验对于企业来说是一笔财富；当企业处于快速成长期，对人员的要求主要偏重创新和变革的能力，没有创新和变革能力的人，他们可能会把原有的工作开展得很好，但是企业在产品、服务和经营方式上却少有创新，因此很难帮助企业取得进一步的发展。对于企业外部环境的评估也是很重要的一个方面。当企业的外部环境复杂、变化很快时，其员工必须有敏锐的洞察力，同时具有快速学习、分析问题和解决问题的能力。这样的员工才能很好适应外部环境的变化，对面临的问题做出正确的判断。

（二）对应聘者的评估

在招聘过程中，企业的人力资源管理者一般都是以职位分析和描述来设计面试问题，但是这些问题只能提供关于工作内容的信息，但无从得知做好该职位需具备哪些行为方式。因此，在面试问题的设计上就要权衡各方面的因素。好的问题能够探究应聘人行为方式，获得证据说明应聘人是否有能力做好工作。另外，不能将评估的标准统统设置在是否符合岗位的任职技能方面，将对任职技能的评估代替对应聘者综合能力以及与企业匹配程度的评估。

（三）双方的沟通

招聘是个双向选择的过程，在企业评估、选择应聘者的同时，也是应聘者对企业评估、选择的过程。招聘是为了让合适的人来企业工作。在与应聘者沟通的过程中，招聘人员为了吸引优秀的人才，往往只倾向于谈论工作和企业的积极因素，同时去粉饰不那么吸引人的现实。他们不去帮助应聘人员客观地评价个人技术和工作、组织目标间的适合程度，使应聘者对企业产生了过高的期望。这种在招聘过程中，应聘者与企业签订的"精神契约"会与未来工作中的现实感相差甚远，这种差距很可能导致员工离职。所以，应聘者的沟通过程中，人事经理应该采取开诚布公的原则，客观、真实地介绍企业的情况。要让应聘者真实地了解个人在企业中可能的职业发展道路。当应聘者对企业有一个客观真实的认识的时候，应聘者会做出对个人和企业都适合的选择。这可能会使企业失去一小部分出众的应聘者，但有助于企业招到真正适合企业的人。

当然，人才的具体招聘要根据企业的岗位需要及工作岗位职责说明书，利用各种方法和手段，如接受推荐、刊登广告、举办人才交流会、到职业介绍所登记等从组织内部或外部吸引应聘人员。并且经过资格审查，如接受教育程度、工作经历、年龄、健康状况等方面的审查，从应聘人员中初选出一定数量的候选人，再经过严格的考试，如笔试、面试、评价中心、情景模拟等方法进行筛选，确定录用人选。人力资源的选拔，应遵循平等就业、双向选择、择优录用等原则。

（四）正确处理劳资关系

员工一旦接受组织聘用，就与组织形成了一种雇佣与被雇佣的、相互依存的劳资关系，为了保护双方的合法权益，人力资源管理者必须正确处理双方的关系，构建和谐的劳动关系。

不少企业不重视劳动关系的和谐，如在制定企业薪资分配制度时，只注重向企业的忠心员工即少数中高层管理人员倾斜，面对一线员工收入分配的公平性考虑较少，有的企业由于资金紧张，欠职工工资奖金、业务酬金和福利费用等，个别企业领导管理方法僵化，工作中只是发号施令，不注意和员工沟通交流，部分基层企业不注重生产条件及工作环境的改善，职工的身心健康和安心生产难以得到保障等。这些问题制约了企业的发展，人力资源管理者的重要任务就是在建立劳动关系中做出应有的努力。在构建和谐劳动关系中，要做到以下几点：

1. 坚持以人为本，实现促进企业发展与构建和谐劳动关系的有机统一。发展是企业永恒的主题，但发展是一项系统工程，既需要好的战略和制度，更需要一支优秀的奋发进取的员工队伍。因此，企业要千方百计调动职工积极性，充分发挥职工在企业发展中的重要作用。必须把职工利益放在重要位置，不论企业出现什么问题，都不能以牺牲职工利益为代价换取发展。

2. 建立注重激励的薪酬分配制度，努力实现分配公平。权利公平、机会公平、规则公平、分配公平，这四个公平是对社会主义和谐社会提出的新要求。而分配公平又是全社会关注的焦点。不公平则心不平，心不平则气不顺，气不顺则难和谐。企业要发展，必须切实重视一线员工的收入分配公平问题，在注重提高企业中高层管理人员收入的同时，适当提高一线员工（包括劳务工）的收入水平，实现员工和企业的和谐发展。

3. 注重亲情管理，实现领导和职工、职工和企业的和谐相处。职工是企业的主体，只有满意的职工，才能创造满意的客户，企业领导在任何时候都要把关心职工、善待职工放在心上。首先，要创造条件为职工提供安全舒适的生产条件和工作环境，增强职工为企业工作的荣耀感。其次，要尊重职工，走近职工，与职工和谐相处。企业领导与职工的和谐相处是企业发展的一个重要问题。美国福特公司有两句名言充分揭示了这种关系："爱你的职工，他会加倍爱你的企业。""生产率的提高，没有什么奥秘，纯粹是在于人们的忠诚；在于他们经过成效卓著的训练而产生的献身精神；在于他们对公司成就的认同感。用最简单的话说，就在于职工及其领导人之间的那种充满人情味的关系。"企业的管理者要深谙其中寓意，与职工携手共创美好明天。

4. 注重教育培训，提高员工素质。当今企业的竞争主要表现为知识的竞争、人才的竞争，因此，加强员工的教育培训、提高员工素质成为构建和谐劳动关系的一项重要内容。只有高素质的员工，才能适应企业未来发展的要求，才能在激烈的市场竞争中实现稳定就业。企业要加大对员工教育培训的力度，使员工掌握各种业务技能，提高知识素养，成为知识型、技能型员工，实现改革发展中凭知识参与竞争、凭知识创造价值、凭知识掌握命运的目的。

（五）入厂教育、培训和发展

任何应聘进入一个组织（主要指企业）的新员工，都必须接受相应的教育，这是帮助新员工了解和适应组织、接受组织文化的有效手段。入厂教育的主要内容包括企业的历史发展状况和未来发展规划、职业道德和组织纪律、劳动安全卫生、社会保障和质量管理知识与要求、岗位职责、员工权益及工资福利状况等。为了提高广大员工的工作能力和技能，有必要开展富有针对性的岗位技能培训。对于管理人员，尤其是对即将晋升者有必要开展提高性的培训和教育，目的是促使他们尽快具有在更高一级职位上工作的知识、熟练技能、管理技巧和应变能力。

当然，人力资源管理者的任务十分繁重，可以说人力资源管理者的任务涵盖了人力资源的所有工作。不同时期、不同企业人力资源管理的侧重点各有不同，需要人力资源管理者体会、把握。

参考文献

[1] 欧阳帆，南锐. 应急人力资源开发与管理［M］. 北京：应急管理出版社，2022.

[2] 冯拾松，李菁羚. 人力资源管理与开发（第4版）［M］. 北京：高等教育出版社，2022.

[3] 刘正君，温辉. 人力资源管理系列员工培训与开发（第2版）［M］. 北京：中国人民大学出版社，2022.

[4] 水藏玺. 不懂任职资格怎么做管理［M］. 北京：中国纺织出版社，2022.

[5] 严肃. 人力资源管理最常用的83个工具［M］. 北京：中国纺织出版社，2022.

[6] 张燕娣. 人力资源培训与开发［M］. 上海：复旦大学出版社，2022.

[7] 何立. 培训管理实操——全程实战指导手册［M］. 北京：化学工业出版社，2022.

[8] 刘俊宏，刘慧玲，何曼. 人力资源管理［M］. 成都：西南财经大学出版社，2022.

[9] 杨云，朱宏，保继刚. 旅游企业人力资源管理［M］. 广州：广州中山大学出版社，2022.

[10] 萧鸣政. 中国人力资源服务业蓝皮书2021［M］. 北京：人民出版社，2022.

[11] 余兴安. 中国企业人力资源发展报告2021［M］. 北京：社会科学文献出版社，2022.

[12] 刘洪波. 人力资源数字化转型策略、方法、实践［M］. 北京：清华大学出版社，2022.

[13] 靳豆豆，王军旗，蒋杨鸽. 多维视角下人力资源管理模式研究 [M]. 长春：吉林出版集团股份有限公司，2022.

[14] 新益为. 精益经营与目标管理实战 [M]. 北京：人民邮电出版社，2022.

[15] 王兰云. 绩效管理 [M]. 北京：经济科学出版社，2022.

[16] 郗亚坤，吴晓姝，蒋建华. 员工培训与开发 第5版 [M]. 大连：东北财经大学出版社，2022.

[17] 李育辉. 培训与开发 [M]. 北京：中国人民大学出版社，2022.

[18] 刘晓光，马静，王瑾. 公共部门人力资源管理与开发 [M]. 长春：吉林科学技术出版社，2021.

[19] 王铮，杨夏薇，潘元. 人力资源开发与薪酬绩效管理研究 [M]. 北京：中国纺织出版社，2021.

[20] 孙茜. 现代人力资源管理与开发研究 [M]. 长春：吉林教育出版社，2021.

[21] 彭剑锋. 人力资源管理概论（第3版）[M]. 上海：复旦大学出版社，2021.

[22] 叶晟婷，孔冬. 本土企业人力资源管理之道与术 [M]. 上海：上海财经大学出版社，2021.

[23] 郎虎，王晓燕，吕佳. 人力资源管理探索与实践 [M]. 长春：吉林人民出版社，2021.

[24] 李蕾，全超，江朝虎. 企业管理与人力资源建设发展 [M]. 长春：吉林人民出版社，2021.

[25] 刘长英，黄万鹏，胡萍. 旅游企业人力资源管理（第2版）[M]. 北京：中国财富出版社，2021.

[26] 杨群. 人力资源管理实务与量化分析实战案例版 [M]. 北京：中国铁道出版社，2021.

[27] 陈野，孔冬，宋相鑫. 人力资源管理专业实验指导书实训 [M]. 沈阳：东北财经大学出版社，2021.

[28] 王晓梅，李秀敏. 绩效知识系统化人才管理 [M]. 上海：上海交通大学出版社，2021.

[29] 张耿城. 混合所有制企业绩效管理［M］. 北京：冶金工业出版社，2021.

[30] 董丽丽，刘美凤. 任务分析理论创新与实践企业培训内容开发指南［M］. 上海：上海交通大学出版社，2021.

[31] 边文霞. 员工培训与职业生涯实务案例游戏［M］. 北京：首都经济贸易大学出版社，2021.

[32] 黄建春. 人力资源管理概论［M］. 重庆：重庆大学出版社，2020.

[33] 李燕萍，李锡元. 人力资源管理（第 3 版）［M］. 武汉：武汉大学出版社，2020.

[34] 王文军. 人力资源培训与开发［M］. 长春：吉林科学技术出版社，2020.

[35] 尹秀美. 人力资源管理新模式［M］. 北京：中国铁道出版社，2020.

[36] 杨宗岳，吴明春. 人力资源管理必备制度与表格典范［M］. 北京：企业管理出版社，2020.

[37] 赵继新，魏秀丽，郑强国. 人力资源管理：有效提升直线经理管理能力［M］. 北京：北京交通大学出版社，2020.

[38] 宋岩，彭春凤，臧义升. 人力资源管理［M］. 武汉：华中师范大学出版社，2020.

[39] 潘颖，周洁，付红梅. 人力资源管理［M］. 成都：电子科技大学出版社，2020.

[40] 张景亮. 新时代背景下企业人力资源管理研究［M］. 长春：吉林科学技术出版社，2020.

[41] 杜跃平，王林雪. 员工培训与开发管理［M］. 西安：西安电子科技大学出版社，2020.

[42] 郭冬霞，丁宁. 人力资源开发与管理［M］. 延吉：延边大学出版社，2019.

[43] 王晓莹，刘召山，霍柯言. 人力资源开发与管理［M］. 长春：吉林科学技术出版社，2019.

[44] 徐大丰. 项目管理视角下人力资源开发研究［M］. 北京：九州出版社，2019.